Les Éditions La Joie de lire bénéficient
d'un soutien structurel de l'Office fédéral
de la culture pour les années 2021-2024.
Les Éditions La Joie de lire bénéficient du soutien
de la République et canton de Genève.

Titre original : *La grande cucina vegetariana*
© 2018 Verlagshaus Jacoby & Stuart, Berlin
www.jacobystuart.de
Tous droits réservés pour tous pays

Pour la présente édition en français
© Éditions La Joie de lire SA
5 Chemin Neuf, CH-1207 Genève
Dépôt légal : mars 2021
ISBN : 978-288908-519-4
Imprimé en Lettonie
www.lajoiedelire.ch

MYRIAM LANG

La grande cucina vegetariana

LES MENUS VÉGÉTARIENS DE CARLO BERNASCONI

ILLUSTRÉ PAR
LARISSA BERTONASCO

TEXTES DE MARTIN WALKER

TRADUIT DE L'ALLEMAND PAR HÉLÈNE BOISSON

LA JOIE DE LIRE

indice

Note : toutes les recettes de ce livre sont prévues pour 4 personnes, dans le cadre d'un menu complet comprenant quatre à six plats. Si l'on souhaite les servir en plat unique, il faudra augmenter les quantités d'un quart à un tiers environ.

sommaire

Chères lectrices, Chers lecteurs,

On a maintes fois demandé à Carlo Bernasconi de concevoir un livre qui proposerait non pas des recettes végétariennes isolées, mais des menus complets, car inventer des repas entièrement constitués de plats végétariens est un art particulièrement difficile. S'il a pu choisir chacun des menus présentés ici, sa mort prématurée l'a hélas empêché de terminer son livre. Pour mieux mettre en valeur le précieux héritage que constitue *La Grande cucina vegetariana*, sa chère amie Myriam Lang, qui depuis 2015 cuisinait régulièrement avec lui au restaurant, s'est chargée de mettre par écrit les recettes, d'après les indications de Carlo et en restant fidèle à son esprit. Et comme les meilleurs plats ne sauraient se passer d'une belle présentation, c'est encore un ami et collègue de Carlo, Martin Walker, qui a complété les recettes de ses souvenirs et anecdotes, en hommage à ce grand cuisinier et philanthrope.

Enfin, Larissa Bertonasco, l'artiste qui a conçu l'enseigne de l'*Osteria Candosin*, le dernier restaurant de Carlo, a superbement illustré ce livre (comme les deux volumes précédents).

Le mot de la fin reviendra à la famille de Carlo.

Mais pour commencer, voici le message que notre ami avait écrit pour accueillir les clients et futurs clients de son restaurant :

Chers amis,
Du mercredi au samedi, à l'Osteria Candosin, je vous propose un menu végétarien composé de trois plats (ou parfois davantage) puisant son inspiration dans le vaste patrimoine de la cuisine italienne.
La cuisine italienne est la seule cuisine du monde qui a su développer et sauvegarder au fil des siècles un riche patrimoine gastronomique où chaque plat est d'abord centré sur un légume, avec d'innombrables variantes. Au fil du temps, mettre en valeur et faire connaître ce trésor est devenu ma grande passion. Entre les plats, je vous invite à vous plonger, si l'humeur vous en dit, dans les nombreux livres à votre disposition, pour la plupart consacrés à la cuisine végétarienne. Vous y trouverez aussi les livres que j'ai écrits, La Cucina dolce et La Cucina verde (qui en est déjà à sa 10ᵉ édition !).

Bienvenue et merci pour votre visite,
Carlo Bernasconi

SALE MARINO
ALIMENTARE

Dans les pages qui suivent, vous trouverez quelques recettes fondamentales à connaître absolument, car elles se marient à merveille avec les légumes les plus variés. On y trouvera tout naturellement les pâtes fraîches ou le risotto, mais aussi un certain nombre de farces, crèmes, bouillons, sauces et émulsions – sans oublier l'indispensable accompagnement présent sur toutes les tables « italiennes » : la focaccia !

Mousse di pecorino o parmigiano

Mousse de pecorino ou de parmesan

125 ml de lait
150 g de pecorino ou de parmesan râpé
2 g d'agar-agar
250 ml de crème fraîche

Faire chauffer le lait dans une casserole, mais arrêter juste avant l'ébullition.
Retirer la casserole du feu et y verser en pluie le pecorino ou le parmesan. Remuer jusqu'à ce que se forme une crème de belle consistance. Durant cette opération, le fromage ne doit pas fondre.
Ajouter l'agar-agar et laisser refroidir un peu. Fouetter la crème pour la faire monter, puis l'incorporer à la purée de fromage. Placer au réfrigérateur jusqu'à l'emploi.

À savoir : pour cette mousse, le fromage doit rester légèrement granuleux ; il ne doit donc pas se mettre à fondre, sans quoi, au lieu d'une mousse, on obtiendrait (surtout lorsque le mélange refroidit !) une masse collante et épaisse.

Crema di basilico

Crème de basilic

1/2 bouquet de basilic
50 ml d'huile d'olive environ
1 généreuse pincée de sel

Laver le basilic, l'essorer et l'effeuiller. Ajouter l'huile d'olive et une bonne pincée de sel, puis, à l'aide d'un mixeur plongeant, réduire en une purée bien lisse. Goûter et ajouter si nécessaire un peu de sel.

Peperonata

Confit de poivrons, tomates et oignons

70 g d'oignons blancs
2 c. à s. d'huile d'olive
400 g de poivrons rouges et jaunes
1 c. à s. de thym frais
sel, poivre noir

Couper les oignons en fines rondelles et les faire suer 10 min à la poêle dans l'huile d'olive, à petit feu. Peler les poivrons (l'opération est plus facile avec un épluche-légumes dentelé) ou les laver soigneusement. Retirer les graines et les membranes blanches de l'intérieur, découper la chair en lamelles d'un demi-centimètre de largeur.

Ajouter les lamelles de poivrons aux oignons, couvrir et laisser mijoter 15 min de plus à feu doux. Si besoin, ajouter un peu d'eau tiède pour que les légumes n'attachent pas.

En fin de cuisson, ajouter le thym effeuillé, saler et poivrer.

Pasta

Préparation pour pâtes fraîches

400 g de farine (type 45)
4 œufs bio
éventuellement, un peu d'huile d'olive

Tamiser la farine sur une surface lisse (une plaque de marbre ou à défaut un plan de travail), former un puits au milieu et y verser les œufs. Travailler le tout avec vos mains jusqu'à obtention d'une pâte lisse et ferme, en ajoutant un peu d'eau si nécessaire, ou éventuellement un peu d'huile d'olive. Veiller à ce que la préparation ne devienne pas trop molle, car vous auriez du mal à l'étaler par la suite. Mais elle ne doit pas non plus être trop dure, sans quoi elle deviendrait friable et sécherait trop vite.

Envelopper la pâte de film plastique et laisser reposer au moins une demi-heure au réfrigérateur. Découper la préparation en petites portions que vous passerez plusieurs fois dans la machine à pâtes, en réduisant à chaque fois le degré d'ouverture, pour obtenir des bandes d'environ 50 cm de long. Pour les maltagliati, la machine devra être réglée sur le deuxième niveau d'ouverture (en partant du plus petit), puis la pâte découpée en bandes courtes. Pour les raviolis, il vaut mieux passer deux fois la pâte dans la machine, en choisissant le degré d'ouverture le plus petit.

On peut également étaler la pâte au rouleau à pâtisserie, en la rendant la plus fine possible.

À savoir : les cuisiniers professionnels remplacent généralement un quart de la farine par de la semoule de blé dur remoulue (la semoule à l'état brut étant trop grossière) et utilisent, au lieu de 4 œufs entiers, 6 à 8 jaunes d'œufs pour donner plus d'arôme à la pâte.

Ripieno di ricotta
Farce à la ricotta

150 g de ricotta (de chèvre ou de brebis)
1 jaune d'œuf
2 c. à s. de persil plat haché
1 c. à c. de basilic haché
le zeste d'un citron bio
1 gousse d'ail (ou la moitié) hachée finement
50 g de parmesan ou de pecorino
sel, poivre

Mélanger la ricotta, les jaunes d'œuf, les herbes, le zeste de citron, l'ail et le parmesan ou le pecorino pour former une préparation homogène, puis saler et poivrer.

Sugo di pomodoro
Coulis de tomates

500 g de tomates roma
50 g d'oignons
1 gousse d'ail
4 c. à s. d'huile d'olive
sel, poivre noir

Laver les tomates, les sécher et les couper en dés. Couper les oignons en tranches fines, peler et presser la gousse d'ail. Faire suer les oignons à la poêle dans l'huile d'olive 5 min à feu moyen. Ajouter les tomates et l'ail, puis laisser frémir environ 30 min en remuant de temps en temps. En fin de cuisson, ajouter le basilic haché, saler et poivrer.

À savoir : pour un coulis version piquante, on pourra ajouter, au bout de 15 à 20 min de cuisson, un piment peperoncino séché et émietté, ou un peperoncino frais (ou seulement la moitié) réduit en fines rondelles. Il n'est pas interdit de peler préalablement les tomates, mais c'est plutôt une affaire de conviction, car lorsque les tomates sont coupées en petits dés, leur peau disparaît dans le coulis. Si l'on préfère les sauces bien lisses, on peut passer le coulis au mixeur plongeant après cuisson.

Emulsione di limone

Émulsion au citron

50 ml d'huile d'olive
le jus d'un citron
1 bonne pincée de sel
1 c. à s. de persil plat haché

Mixer ensemble l'huile d'olive, le jus de citron et le sel pour obtenir un mélange homogène.

Avant utilisation, repasser au mixeur si nécessaire, et ajouter le persil haché.

Brodo vegetale

Bouillon de légumes

Pour environ 2,5 l de bouillon
1 oignon
1 poireau
2 branches de céleri
1 chou frisé (chou de Milan)
2 carottes
2 c. à s. d'huile d'olive
3 l d'eau
1 à 2 c. à s. de sel
1 c. à s. de poivre en grains
2 feuilles de laurier

Couper l'oignon en deux moitiés sans l'éplucher, laver et brosser les autres légumes, les couper en morceaux. Dans une très grande casserole, faire chauffer l'huile d'olive et laisser dorer les deux moitiés d'oignons une minute du côté tranché, puis ajouter les autres légumes et laisser revenir encore 2 min en remuant. Arroser d'eau et laisser bouillir une fois. Ajouter le sel, les grains de poivre, les feuilles de laurier et laisser frémir une heure à petit feu.

Passer le bouillon à la passoire puis, à l'aide d'une cuillère en bois, presser légèrement les légumes restés dans la passoire pour ajouter leur jus au bouillon. Verser dans un récipient hermétique : le bouillon se conserve 2 à 3 jours au réfrigérateur.

À savoir : le bouillon de légumes maison est toujours le secret d'un bon risotto ! Sa préparation ne demande pas beaucoup d'efforts, et son goût est mille fois meilleur que celui du bouillon que l'on achète, en cubes ou sous une autre forme, au supermarché. Il est plus pratique de le préparer en grande quantité et de le congeler en portions de 500 ml.

Focaccia

La focaccia, un pain venu de Ligurie

750 de farine
1 à 2 c. à c. de sel
1 cube (42 g) de levure de boulanger
fraîche
500 à 600 ml d'eau tiède
huile d'olive

Mélanger la farine, le sel et la levure émiettée. Ajouter petit à petit l'eau tiède et pétrir à la main ou au robot jusqu'à obtenir une pâte bien lisse.

Placer dans un saladier, couvrir et laisser reposer dans un endroit chaud environ 2 heures.

Préchauffer le four à 240-250 °C.

Badigeonner d'huile une plaque à pâtisserie et étaler la pâte dessus pour en faire une galette de forme irrégulière. Couvrir et laisser lever encore 15 min.

Mettre à cuire dans le four chaud environ 20 min, jusqu'à ce que le dessus soit bien doré. Laisser un peu refroidir, puis couper en dés et servir tiède ou froid.

À savoir : s'il reste de la focaccia, on peut la passer au mixeur au bout de deux ou trois jours, pour l'utiliser comme chapelure.

VERDE

PRIMAVERA

GROSSO

HEiMELiG – Drôle de nom pour un restaurant !

Le restaurant de Carlo, à Zurich, s'est d'abord appelé *Heimelig*. En Suisse, ce mot allemand signifie « familier », « confortable », bref, « comme à la maison ». On imagine tout de suite un chalet en bois, des nappes à carreaux, une table typiquement helvétique. Ce qui n'a pas empêché Carlo Bernasconi de l'acheter : après tout, son prédécesseur, Luigi, était bien parvenu à y proposer une cuisine italienne de haut vol, avec tous les incontournables du genre, du *filetto* au *bisteca* (mais sans les pizzas), en s'alignant sur les prix très élevés que les clients étaient prêts à payer dans ce quartier chic de la ville. Il faut dire qu'à l'heure du dessert, sa fameuse *zuppa delizia* faisait oublier toutes les réalités matérielles.

Carlo Bernasconi avait beau être très savant en matière de cuisine, jamais il n'a voulu revêtir la blouse blanche du chef, qu'il trouvait trop prétentieuse : il a toujours préféré nouer simplement les cordons de son grand tablier. En lisant son roman intitulé *Der Italiener,* « l'Italien », un récit largement autobiographique, on comprendra ce qui l'a conduit à abandonner rapidement la formation de chef cuisinier qu'il avait commencée. Après être passé par une école d'interprètes, Carlo a étudié le journalisme et découvert les métiers du livre, aussi bien du côté de l'édition que de la librairie, et ces expériences diverses ont toujours nourri son inspiration de cuisinier, de journaliste, d'auteur et d'éditeur.

Ce sont sans doute les plaisirs de la table (et de la boisson) qui l'ont conduit jusqu'au livre. Car, finalement, ces deux domaines ont un point commun : c'est avant tout une affaire de plaisir. Il faut sortir des sentiers battus, savoir surprendre tout en gardant le meilleur de la tradition, faire preuve d'une grande rigueur, mais avec la juste dose d'improvisation. C'est ainsi que naît un bon livre, ou un bon plat. Avouons-le : Carlo avait l'habitude d'être très direct dans ses jugements, que le verdict soit bon ou mauvais. Même s'il savait aussi faire preuve de tact.

Rebaptisé *Heimelig da Bernasconi*, le restaurant s'est bientôt mis à ressembler à l'homme qui l'avait repris. En changeant toute la décoration et le style, Carlo en a fait un lieu où son talent se déployait tout à son aise, et où ses hôtes, surtout, se sentaient bien. Plus tard, quand les murs se sont couverts d'étagères chargées de livres de cuisine venus du monde entier, le restaurant a pris un autre nom : *Cucina e Libri*. S'il y a une chose que notre ami Carlo n'aimait pas, ce sont les étiquettes trompeuses. Pour lui, il fallait toujours annoncer clairement la couleur, et ce principe valait aussi pour sa propre cuisine. C'est pourquoi, au moment où il s'est spécialisé dans la cuisine végétarienne, nul ne s'est étonné de le voir changer encore une fois le nom de son restaurant : ainsi est née l'*Osteria Candosin*, ainsi nommée en mémoire de sa mère, née Candosin.

Dans la petite cuisine peinte en vert, blanc et rouge, le chef aimait travailler en musique : quand ce n'était pas du classique, c'était du rock à plein volume – sans oublier les matches de football qu'il s'efforçait de suivre du coin de l'œil sur son iPad mini. Mais l'*Osteria Candosin*, c'est aussi *La Cucina verde*, celui de ses livres de cuisine qui a rencontré le plus de succès à l'international. Sans oublier l'enseigne du restaurant, si joliment illustrée par l'artiste Larissa Bertonasco.

Dans son *Osteria*, Carlo servait aussi un plat qui n'avait rien de végétarien : les raviolis à la viande, une de ses grandes spécialités. Cette recette héritée de sa grand-mère est toujours restée au menu de son restaurant : beaucoup de ses vieux amis restés fidèles à la viande lui en étaient reconnaissants ! La farce était faite de jambon séché à l'air libre, de volaille et de parmesan, délicatement assaisonnée puis enveloppée dans la pâte à raviolis la plus

fine possible. À la sortie de la machine, la pâte était encore trop épaisse à son goût : il fallait l'étaler encore un peu avant de la garnir de farce, la découper à angles droits, plier les bords et les presser pour bien fermer. *Je te montre une fois, et après c'est à toi de jouer !* Après cuisson, les raviolis étaient (très) généreusement agrémentés de beurre – *finito !* Pour sa carte végétarienne, Carlo préparait naturellement des raviolis sans viande, par exemple en les garnissant de *cima di rapa*, d'épinards, de ricotta et de parmesan. Le *cima di rapa*, qu'est-ce que c'est ? La question revenait souvent dans la salle du restaurant, où les convives s'interrogeaient aussi sur la barbe-de-moine ou le *cavola nero*. Autant de légumes (encore) mal connus que Carlo, avec une patience infatigable, s'efforçait de faire découvrir au public. *Fatto in casa*, fait maison : chez Carlo, l'expression était à prendre au pied de la lettre, et elle valait aussi pour la cuisine familiale. Faire son propre coulis de tomates, c'est facile, c'est rapide, et on n'est jamais déçu du résultat. Même chose pour le bouillon de légumes. Dans la cuisine de Carlo, on trouvait toujours une grande marmite de bouillon en train de bouillir à petit feu sur un coin de la gazinière.

Menu di marzo
Menu de mars

PRIMO

Barba di frate, insalata di finocchio e mousse di pecorino

Barbe-de-moine braisée, salade de fenouil émincé
et mousse de pecorino

SECONDO I

Frittata di spinaci su lenticchie nere con pomodori e basilico

Omelette aux épinards sur un lit de lentilles noires, tomates et basilic

SECONDO II

**Risottino con zucchine, servito con una crema di taleggio
e nocciole tostate**

Risotto de courgettes, crème au taleggio et noisettes grillées

DOLCE

Bunet bianco e nero

Flan piémontais noir et blanc

Barbe-de-moine braisée, salade de fenouil émincé et mousse de pecorino

1 portion de mousse de pecorino (p. 13)
400 g de fenouil
1 c. à s. de jus de citron
1 c. à s. de marjolaine fraîche
3 c. à s. d'huile d'olive
sel, poivre noir

1 c. à s. de jus de citron
1 c. à s. de vinaigre balsamique de Modène
4 c. à s. d'huile d'olive
sel, poivre
1 c. à s. de câpres (en saumure)
1/4 de botte de persil plat
2 bottes de barbe-de-moine (env. 400 g)
1 c. à s. d'huile d'olive
1 c. à s. de miel d'acacia

Préparer la mousse au pecorino selon la recette de base de la p. 13.
Bien nettoyer le fenouil, retirer les feuilles extérieures trop sèches, partager le bulbe en deux moitiés, puis l'émincer en très fines tranches.

Dans un plat creux, bien mélanger les fines tranches de fenouil et le jus de citron, couvrir et laisser reposer 30 min au réfrigérateur.
Effeuiller la marjolaine et l'ajouter au fenouil, avec l'huile d'olive. Ajouter le sel et un tour de moulin à poivre.
Bien rincer les câpres, hacher le persil. Verser dans un bol le vinaigre balsamique, le jus de citron, le sel et le poivre. Ajouter l'huile d'olive et mélanger énergiquement, puis ajouter les câpres et le persil.
Ôter les racines de la barbe-de-moine, puis laver soigneusement les tiges, sans les sécher. Faire chauffer une cuillerée à soupe d'huile d'olive dans une sauteuse, y placer la barbe-de-moine encore mouillée et faire suer 6 min à feu moyen, en retournant à mi-cuisson.
Retirer de la poêle et ajouter la vinaigrette. Disposer la barbe-de-moine encore tiède sur les quatre assiettes, recouvrir de salade de fenouil, en ajoutant quelques gouttes de miel.
En s'aidant de deux cuillères à soupe, façonner pour chaque assiette une portion de mousse au pecorino et la placer sur la salade de fenouil. Ajouter un petit filet d'huile d'olive.

Omelette aux épinards sur un lit de lentilles noires, tomates et basilic

100 g de lentilles noires
1 c. à s. d'huile d'olive
2 petites tomates
2 branches de basilic
un peu de jus de citron
sel

250 g d'épinards frais en feuilles
1 oignon
3 à 4 c. à s. d'huile d'olive
sel, poivre noir
30 g de parmesan râpé
4 œufs bio

Verser les lentilles noires dans une passoire, bien les rincer, puis les mettre à bouillir dans deux fois leur volume d'eau pendant environ 20 min. Les lentilles doivent encore être un peu fermes sous la dent. Laisser refroidir.

Couper en dés les tomates, hacher le basilic, et ajouter le tout aux lentilles, avec l'huile d'olive et éventuellement quelques gouttes de jus de citron, saler légèrement et laisser reposer.

Pendant ce temps, laver les épinards, les blanchir rapidement dans l'eau bouillante salée, rincer à l'eau froide, bien égoutter, puis presser délicatement pour en exprimer toute l'eau. Hacher grossièrement les feuilles d'épinard.
Préchauffer le four à 200 °C.
Hacher finement les oignons.
Dans une cocotte allant au four, chauffer 2 à 3 cuillères à soupe d'huile d'olive, y verser les oignons et les faire revenir jusqu'à ce qu'ils soient tendres et transparents. Ajouter les épinards, mélanger, ailler et poivrer.
Casser les œufs dans un plat creux, y ajouter du parmesan, du sel, du poivre et une cuillère à soupe d'huile d'olive. Bien battre le mélange.
Verser sur les épinards et mélanger rapidement. Placer la cocotte dans le four chaud et faire cuire 15 à 20 min. Sortir la frittata du four et la réserver.
Garnir les quatre assiettes de salade de lentilles. Couper la frittata, en mettre une moitié de côté pour le lendemain : accompagnée d'une salade, elle constituera un délicieux déjeuner pour deux. Couper en quatre parts l'autre moitié de la frittata et disposer chaque part sur un lit de lentilles, en ajoutant quelques gouttes d'huile d'olive et une feuille de basilic.

Risotto de courgettes, crème au taleggio et noisettes grillées

30 g de noisettes concassées (ou pignons)
4 petites courgettes
1 c. à s. et demie d'huile d'olive
1 échalote
30 g de beurre
180 g de riz carnaroli
50 ml de vin blanc
environ 650 ml de bouillon de légumes bien chaud (voir p. 16)
sel, poivre noir
30 g de parmesan râpé
100–150 g de taleggio
200 ml de crème fraîche

Dans une poêle, faire griller sans matière grasse les noisettes ou les pignons, puis les réserver. Laver les courgettes et les râper. Bien les égoutter et presser si besoin pour éliminer le liquide superflu. Faire chauffer l'huile d'olive dans la poêle et y faire suer les allumettes de courgette.
Hacher finement l'échalote. Faire fondre le beurre dans une casserole, y verser l'échalote et la faire revenir jusqu'à ce qu'elle devienne transparente. Ajouter le riz et le faire revenir sans cesser de remuer, jusqu'à ce que les grains deviennent translucides. Ensuite, ajouter le vin blanc, puis laisser cuire jusqu'à ce que le riz semble avoir absorbé tout le liquide.
Ajouter progressivement le bouillon de légumes chaud, en remuant continuellement.
Ôter la croûte de 100 g de taleggio et le découper en petits dés. Chauffer la crème dans une petite casserole et y faire fondre le fromage sans cesser de remuer. Si l'on souhaite donner à la crème un goût plus fort, il suffit d'augmenter la quantité de fromage. Au bout de 12 min de cuisson environ, ajouter les courgettes au plat de riz et terminer la cuisson, qui durera encore 18 à 20 min selon que l'on préfère un risotto tendre ou un peu plus ferme. Saler, poivrer, ajouter le parmesan râpé et mélanger avant de servir.
Servir le risotto dans de grandes assiettes, recouvrir de crème au taleggio, puis saupoudrer de noisettes grillées.

Flan piémontais noir et blanc

**Pour deux moules à cake
de 25 à 27 cm de long**

220 g de sucre
50 g de cacao en poudre
100 g de chocolat blanc
400 g d'amaretti (biscuits) émiettés
1,4 l de lait entier
4 c. à s. de Cointreau
ou de rhum
12 œufs bio
quelques fruits rouges
pour la décoration

pour le caramel :
140 g de sucre
4 à 6 c. à s. d'eau

Dans un plat creux, mélanger 110 g de sucre, le cacao et la moitié des amaretti grossièrement émiettés. Dans un autre plat, mélanger 110 g de sucre avec le reste des amaretti.

Dans une casserole, faire chauffer la moitié du lait mélangé à la moitié de l'alcool. Dans une autre casserole, faire chauffer le reste du lait et de l'alcool, en y ajoutant le chocolat blanc coupé en petits morceaux. Le chocolat doit être bien fondu, mais attention, le lait ne doit pas bouillir !

Verser le lait chaud sans chocolat sur le mélange sucre-cacao-amaretti et mélanger délicatement. Dans un autre plat, verser le lait chaud au chocolat sur le mélange sucre-cacao-amaretti et mélanger délicatement.

Dans chaque plat, casser six œufs et bien mélanger.

Préchauffer le four à 180 °C.

Beurrer les deux moules.

Dans une casserole, faire fondre à feu moyen les 140 g de sucre avec l'eau jusqu'à ce que le caramel prenne une belle couleur dorée.

Garnir le fond de chaque moule préalablement beurré de la moitié du caramel, puis y verser la moitié de la pâte et couvrir de papier aluminium.

Remplir d'eau aux deux tiers la lèchefrite (plaque de cuisson creuse), y placer les deux moules et enfourner environ 45 min. Ensuite, retirer le papier aluminium et faire cuire 30 min de plus, jusqu'à ce que se forme une croûte bien dorée. Sortir du four et laisser bien refroidir.

Couper quatre tranches fines par personne et les disposer sur les assiettes, en alternant les tranches claires et foncées. Décorer de petits fruits rouges. Le reste du flan sera tout aussi délicieux les jours suivants.

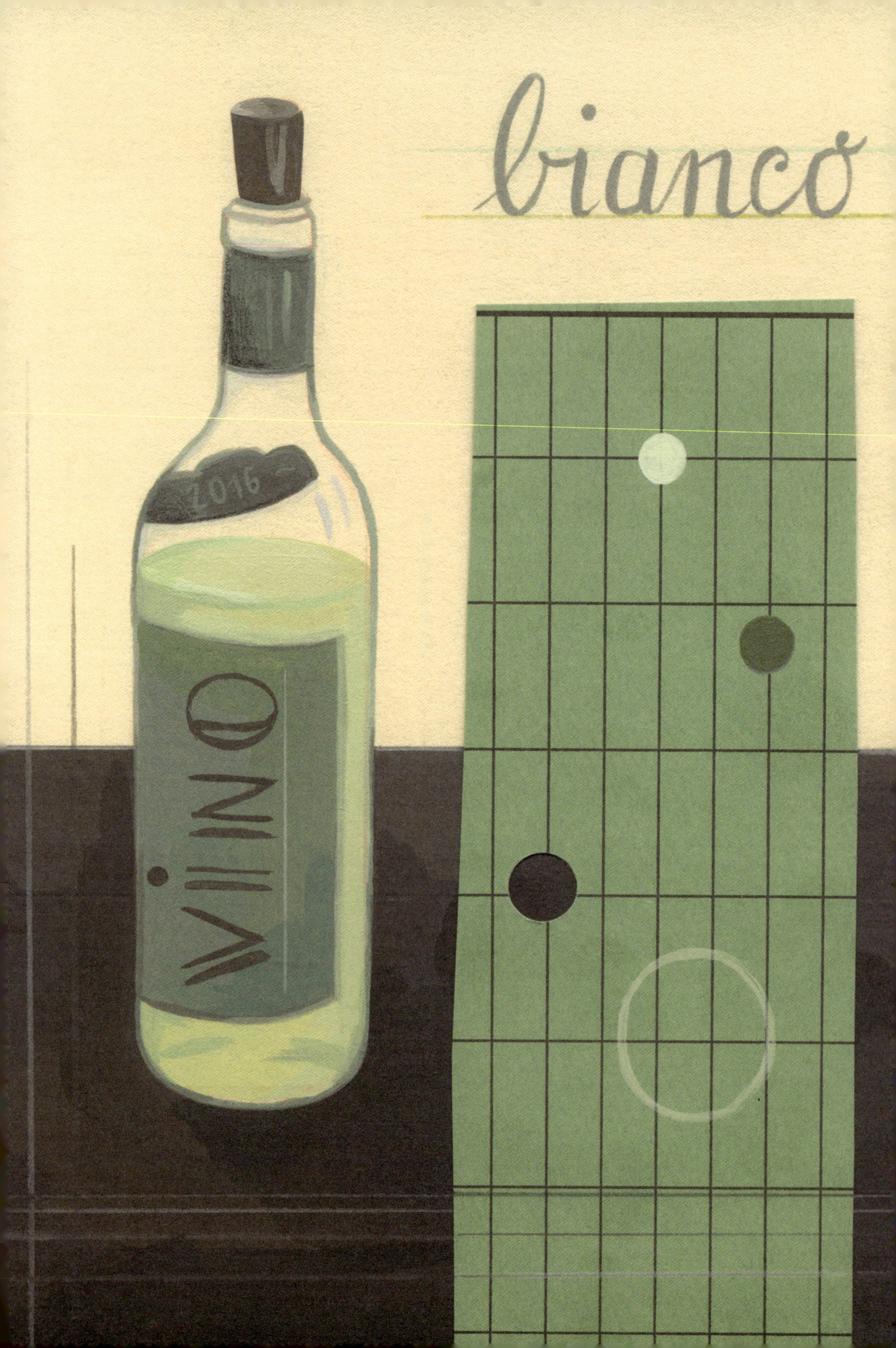
bianco
2016

Menu di aprile
Menu d'avril

PRIMO

Carpaccio di pomodori gialli con mozzarella di bufala
e crema di basilico

Carpaccio de tomates jaunes à la mozzarella de bufflonne
et à la crème de basilic

SECONDO I

Frittata di peperoni gialli e rossi, cicorino verde
e asparagi selvatici

Omelette aux poivrons jaunes et rouges, radicchio vert
et asperges sauvages des Pouilles

SECONDO II

Pasta fresca tipo maltagliati con spugnole, asparagi selvatici
e tocchetti di pomodori gialli

Pâtes fraîches aux morilles, asperges sauvages et dés de tomates-ananas

DOLCE

Caprese in bianco

Gâteau blanc chocolat-citron – une recette de l'île de Capri

Carpaccio de tomates jaunes à la mozzarella de bufflonne et à la crème de basilic

2 grosses tomates jaunes
1 portion de crème au basilic (p. 13)
2 boules de mozzarella de bufflonne
(env. 250 g au total)
sel

Laver les tomates et retirer le cœur. Avec un couteau bien aiguisé, les couper en très fines tranches et disposer le carpaccio sur les quatre assiettes. Saler légèrement.
Préparer la crème de basilic selon la recette de la p. 13.
Couper en deux les boules de mozzarella et en déposer une moitié sur chaque assiette, par-dessus les tranches de tomates. Arroser le tout de crème au basilic et servir, de préférence accompagné de foccacia fraîche (voir p. 17).

Omelette aux poivrons jaunes et rouges, radicchio vert et asperges sauvages des Pouilles

2 poivrons rouges et 1 poivron jaune
3 c. à s. d'huile d'olive
6 œufs bio
2 c. à s. de chapelure
sel, poivre noir

200 g de radicchio vert
1 c. à s. de vinaigre balsamique blanc
2 c. à s. d'huile d'olive
16 à 24 tiges d'asperges sauvages
1 c. à s. d'huile d'olive

Peler les poivrons (l'opération est plus facile avec un épluche-légumes dentelé) ou les laver soigneusement. Retirer les graines et les membranes blanches de l'intérieur, découper la chair en carrés de 2 cm environ.
Chauffer l'huile d'olive dans une sauteuse et y faire revenir rapidement les morceaux de poivron, puis baisser le feu, saler, poivrer, et laisser réduire environ 15 à 20 min. Si nécessaire, ajouter un peu

d'eau pour que les morceaux de poivron n'attachent pas au fond de la sauteuse. Réserver.

Dans un plat creux, casser les œufs, y ajouter la chapelure et le parmesan en mélangeant bien.

Ajouter délicatement le mélange aux poivrons lorsqu'ils ont fini de cuire, saler et poivrer.

Faire chauffer un peu d'huile d'olive dans une autre poêle et y verser le tout, pour saisir la frittata quelques minutes à feu vif. Faire glisser délicatement sur une assiette.

Laver le radicchio et retirer le trognon, puis trancher horizontalement les feuilles en fines lamelles. Mélanger énergiquement le vinaigre et l'huile d'olive, saler, poivrer et en assaisonner les feuilles de radicchio.

Laver les asperges sauvages et retirer si nécessaire les parties basses. Faire revenir quelques instants dans une cuillère à soupe d'huile d'olive, saler et poivrer.

Couper la frittata en deux et en mettre une moitié de côté pour le lendemain : accompagnée d'une salade, elle constituera un délicieux déjeuner pour deux. Couper l'autre moitié en quatre.

Disposer les feuilles de radicchio sur les quatre assiettes, puis placer un morceau de frittata sur la salade et garnir d'asperges sauvages.

Pâtes fraîches aux morilles, asperges sauvages et dés de tomates-ananas

200 g de préparation
pour pâtes fraîches (p. 14)
200 g de morilles fraîches
200 g d'asperges sauvages
2 tomates jaunes
3 c. à s. d'huile d'olive
100 ml de vin blanc
2 c. à s. de persil plat haché
100 g de crème fraîche
sel, poivre
parmesan ou pecorino râpé

Pour les pâtes fraîches, suivre la recette de la p. 14. Régler la machine à pâtes sur le degré d'ouverture juste avant le plus petit et découper des bandes assez courtes, puis les redécouper ou les déchirer à la main en morceaux irréguliers. Au fur et à mesure, déposer les maltagliati ainsi obtenues sur une plaque farinée et les recouvrir d'un linge pour éviter qu'elles ne sèchent, jusqu'à ce que la découpe soit entièrement terminée.

Fraîchement cueillies, les morilles ne sont pas comestibles. Avant d'être

cuisinées, elles doivent soigneusement être débarrassées, avec une brosse, de la terre et du sable qu'elles contiennent, puis impérativement blanchies. Il faut donc nettoyer les champignons, couper les plus gros en morceaux et les blanchir rapidement à l'eau bouillante.

Laver les asperges sauvages, retirer si nécessaire le bas des tiges et les couper en morceaux de la taille d'une bouchée.

Laver les tomates et les couper en dés. Pour la cuisson des pâtes, faire bouillir une grande casserole d'eau salée.

Faire revenir les champignons et les morceaux d'asperges sauvages dans l'huile d'olive, déglacer au vin blanc et laisser les légumes absorber le liquide. Ajouter du sel, du poivre et du persil. Ensuite, ajouter les dés de tomates et la crème fraîche, puis laisser frémir doucement.

Pendant ce temps, porter à ébullition une casserole d'eau salée, puis la retirer du feu et y plonger les maltagliatti pendant 2 à 3 min.

Égoutter les pâtes, puis les ajouter aux légumes et aux champignons. Servir sur chaque assiette et saupoudrer d'un peu de persil haché.

À savoir : maltagliati signifie « mal taillées » : le nom ne se réfère donc pas à une forme de pâtes à proprement parler, mais simplement aux bords irréguliers de la pâte – celle qui restait après la préparation de pâtes « bien taillées », comme les tagliatelles !

Gâteau blanc chocolat-citron

**Pour un moule rond
de 24 à 26 cm de diamètre**

180 g de sucre
200 g de chocolat blanc
150 g d'amandes émondées et râpées
200 g de beurre fondu
5 œufs bio
1 c. à s. de levure chimique
le zeste et le jus d'un citron d'Amalfi
ou d'un citron bio
limoncello ou fraises fraîches
sucre glace

Préchauffer le four à 170 °C. Garnir de papier cuisson le fond d'un moule à manqué de 24 à 26 cm de diamètre et beurrer les bords. Fouetter les œufs avec le sucre jusqu'à ce que le mélange devienne mousseux et double de volume. Selon le type de fouet ou de batteur électrique, compter 5 à 10 min.

Passer au blender le chocolat blanc, les amandes et le beurre fondu pour obtenir une crème. Ajouter délicatement ce mélange aux œufs battus au sucre, avec la levure, le zeste et le jus de citron, puis verser dans le moule. Passer 20 min au four, puis couvrir le moule d'une feuille de papier aluminium et laisser cuire encore 25 à 30 min. Sortir le gâteau du four, l'arroser de 2 ou 3 cuillères à soupe de limoncello et laisser refroidir.

Pour finir, saupoudrer de sucre glace, disposer une part de gâteau sur chaque assiette et servir avec un petit verre de limoncello glacé et/ou avec des fraises fraîches.

Menu di maggio
Menu de mai

PRIMO

Insalata di verdure cotte e grigliate con emulsione di limone

Salade de légumes cuits et grillés à l'émulsion de citron – c'est presque l'été…

SECONDO I

Parmigiana di melanzane

Gratin d'aubergines de Campanie, agrémenté de tomates, mozzarella, basilic et parmesan

SECONDO II

Pasta fatta in casa: ravioli con ripieno di asparagi e ricotta, asparagi selvatici

Raviolis farcis aux asperges vertes et ricotta, accompagnés d'asperges sauvages

DOLCE

Semifreddo di fragole con fragole fresche

Parfait aux fraises fraîches

Salade de légumes cuits et grillés à l'émulsion de citron

1 portion d'émulsion au citron (p. 16)
1/2 botte d'asperges vertes
1 aubergine moyenne
1 courgette
3 grosses tomates bien fermes
huile d'olive
1 c. à s. de persil plat haché

Préparer l'émulsion au citron selon la recette de base de la p. 16.

Laver et éplucher les asperges, couper le bas des tiges. Couper les asperges en tronçons de 3 cm de long. Faire cuire 5 min dans de l'eau salée frémissante, égoutter aussitôt, rincer rapidement à l'eau froide et réserver.

Couper en tranches le reste des légumes et les faire revenir à la poêle à feu vif, jusqu'à ce qu'ils se colorent. Disposer les légumes grillés et les asperges sur les assiettes, arroser de quelques gouttes d'émulsion au citron et parsemer de persil haché. Servir avec de la focaccia (voir p. 17) ou à défaut avec de la baguette.

insalata

Gratin d'aubergines de Campanie, agrémenté de tomates, mozzarella, basilic et parmesan

750 g d'aubergines
250 g de tomates bien mûres
250 g de mozzarella de bufflonne
3 c. à s. de basilic haché
50 g de parmesan râpé
huile d'olive
sel, poivre noir

Laver les aubergines et les couper dans le sens de la longueur en tranches d'un demi-centimètre d'épaisseur, les rouler dans la farine et les faire brunir dans de l'huile d'olive très chaude. Laisser refroidir sur du papier absorbant.
Préchauffer le four à 200 °C.
Inciser en croix le haut des tomates, les recouvrir d'eau bouillante et les laisser tremper quelques minutes, puis retirer la peau et les pépins. Couper les tomates pelées en tranches.

Bien presser la mozzarella et la laisser s'égoutter dans une passoire, puis la couper également en tranches.
Dans un plat à gratin, placer une couche d'aubergines, une couche de tomates, une couche de mozzarella et de basilic, et recommencer dans cet ordre pour finir tous les ingrédients. Entre les couches, saler et poivrer à votre convenance. Pour finir, saupoudrer de parmesan. Enfourner pour 20 min environ et servir dès la sortie du four, avec de la focaccia (voir p. 17) ou à défaut de la baguette.

Raviolis farcis aux asperges vertes et ricotta, accompagnés d'asperges sauvages

1 préparation pour pâtes fraîches (p. 14)
400 g d'asperges vertes
1 botte d'asperges sauvages
100 g de ricotta
1 œuf bio
sel, poivre noir
50 g de parmesan
beurre
1 c. à s. de persil plat haché

Pour la pâte des raviolis frais, suivre la recette de la p. 14.

Laver les deux variétés d'asperges, couper les parties basses trop dures, mettre les asperges sauvages de côté. Découper les autres asperges en tronçons de 2 cm de long et les blanchir 5 min dans l'eau salée frémissante. Avec une écumoire, sortir de l'eau les morceaux d'asperges et réserver l'eau de cuisson dans la casserole.

Placer les morceaux d'asperges dans un plat creux et bien les mélanger avec la ricotta, l'œuf et le parmesan pour obtenir une farce assez compacte. Saler et poivrer. Faire revenir les asperges sauvages dans du beurre, saler et poivrer.

Passer plusieurs fois la pâte des raviolis à la machine à pâtes, en réduisant à chaque fois le degré d'ouverture. Terminer par le plus fin, si possible deux fois, pour obtenir une pâte très mince.

Sur une bande de pâte, déposer une bonne cuillerée à café de farce, en conservant un écartement de 1 cm entre les cuillerées de farce. Recouvrir par une autre bande de pâte, en appuyant bien entre les raviolis pour les sceller. Ensuite, découper les raviolis avec une roulette dentée ou à défaut avec un couteau. Déposer un à un les raviolis terminés sur une plaque à pâtisserie farinée, en les recouvrant avec un linge jusqu'à ce que l'opération soit terminée.

Faire revenir les asperges sauvages dans une poêle, saler et poivrer. Réserver cette préparation dans la poêle.

Saler l'eau de cuisson des asperges, la faire chauffer dans une grande casserole, puis y jeter 6 à 8 raviolis à la fois et les laisser cuire jusqu'à ce qu'ils remontent à la surface (plus la pâte sera fine, plus la cuisson sera rapide). Retirer délicatement les raviolis de l'eau avec une écumoire et les placer dans la poêle avec les asperges sauvages, remuer, parsemer de persil, disposer sur les assiettes et servir aussitôt.

Parfait aux fraises fraîches

Pour un moule à cake de 15 cm à 20 cm

3 jaunes d'œuf
125 g de sucre
200 g de fraises
375 ml de crème fraîche
quelques fraises pour la décoration

Tapisser l'intérieur du moule de film étirable.

Placer les jaunes d'œuf et le sucre dans un plat et les battre ensemble au bain-marie jusqu'à l'obtention d'une crème épaisse. Sortir du bain-marie et continuer à battre la crème jusqu'à ce qu'elle ait refroidi.

Laver et équeuter 100 g de fraises et les écraser grossièrement.

Faire monter la crème au fouet ou au batteur, y incorporer délicatement d'abord la purée de fraises, puis la crème aux jaunes d'œuf et au sucre.

Remplir de ce mélange le moule garni de film plastique. Lisser la surface avec le dos d'une cuillère et placer au moins 4 heures au congélateur. Sortir environ 15 min avant de servir. Démouler, retirer délicatement le film plastique et couper le semifreddo en tranches. Décorer avec le reste des fraises lavées et séchées.

Menu grande di primavera
Grand menu de printemps

ANTIPASTO

Pane alle olive • Pain aux olives

PRIMO I

Insalata mista con mousse di parmigiano e asparagi selvatici grigliati

Salade mélangée, mousse de parmesan et asperges sauvages

PRIMO II

Zucchini ripieni su peperonata mista

Courgettes farcies sur un lit de peperonata rouge et jaune

SECONDO I

Crespelle alla Fiorentina su crema di cavolfiore

Gâteau de crespelle à la florentine sur une crème de chou-fleur

SECONDO II

Risotto agli asparagi • Risotto aux asperges

DOLCE

Granita alle fragole e vino rosso • Granité aux fraises et vin rouge

Pain aux olives

10 g de levure de boulanger
1 pincée de sucre
5 g de sel
1/2 c. à s. d'huile d'olive
100 g d'olives entières dénoyautées,
soit en mélange, soit d'une seule
variété
250 g de farine (type 45)
environ 300 ml d'eau tiède

Dissoudre la levure avec la pincée de sucre dans un peu d'eau tiède, ajouter une petite quantité de farine, couvrir et laisser reposer environ 30 min.

Dans un plat creux, dissoudre le sel dans un peu d'eau et ajouter l'huile d'olive. Ajouter ensuite les olives, la farine et le mélange à la levure. Verser ensuite dans le plat de petites quantités d'eau tout en pétrissant pour former une pâte bien homogène et tendre.

Dans un endroit chaud, laisser gonfler la pâte dans un saladier, sous un couvercle ou un linge, jusqu'à ce qu'elle ait doublé de volume.

Former une longue baguette de pain avec la pâte levée, puis couvrir et laisser à nouveau reposer une demi-heure avant cuisson.

Pendant ce temps, préchauffer le four à 200 °C. Au pinceau, badigeonner le pain d'huile d'olive et faire cuire environ 30 min pour qu'il soit bien croustillant, puis le couper en morceaux et le servir encore tiède.

PANE

Salade mélangée, mousse de parmesan et asperges sauvages

Courgettes farcies sur un lit de peperonata rouge et jaune

1 portion de mousse de parmesan (p. 13)
1 botte d'asperges sauvages
environ 200 g de salade verte de saison
3 c. à s. d'huile d'olive
1 c. à s. de vinaigre balsamique blanc
sel, poivre

Préparer la mousse de parmesan, selon la recette de base de la p. 13.
Laver les asperges sauvages et les feuilles de salade, retirer si besoin la partie inférieure des asperges, essorer la salade.
Dans une cuillerée à soupe d'huile d'olive, faire revenir à la poêle les asperges sauvages, saler et poivrer généreusement.
Pour la vinaigrette, mélanger énergiquement 2 cuillères à soupe d'huile d'olive, le vinaigre balsamique, le sel et le poivre, ajouter les feuilles de salade, bien mélanger, et disposer un lit de salade assaisonnée sur chaque assiette. En s'aidant de deux grosses cuillères, façonner quatre portions de mousse de parmesan, les déposer sur la salade verte et placer tout autour les asperges sauvages encore tièdes.

1 portion de peperonata (p. 14)
1 portion de farce à la ricotta (p. 15)
2 courgettes
huile d'olive

Préparer la peperonata en suivant la recette de base de la p. 14.
Préparer la farce à la ricotta en suivant la recette de base de la p. 15.
Préchauffer le four à 200 °C.
Laver les courgettes, les couper en deux dans le sens de la longueur et retirer l'intérieur en creusant avec une cuillère à bords francs.
Garnir les demi-courgettes de farce à la ricotta, les disposer avec un peu d'huile d'olive dans un plat à gratin et passer au four environ 20 min, jusqu'à ce que se forme une croûte bien dorée.
Réchauffer la peperonata et la répartir dans les quatre assiettes, puis garnir chaque assiette d'une demi-courgette farcie.

Gâteau de crespelle à la florentine sur une crème de chou-fleur

15 g de beurre
50 g de farine
1 pincée de sel
1 œuf
125 ml de lait
huile d'olive

15 g de beurre
250 g de feuilles d'épinard
100 g de ricotta
1 jaune d'œuf
2 c. à s. de parmesan râpé
1 petit chou-fleur
50 g de beurre fondu
125 ml de bouillon de légumes bien chaud (p. 16)
sel, poivre

Pour les crespelle (petites crêpes), faire fondre le beurre et le laisser refroidir. Tamiser la farine dans un saladier, avec une pincée de sel. Ajouter l'œuf et 2 cuillères à soupe de lait, bien mélanger le tout. Ensuite, incorporer lentement le reste du lait tout en mélangeant, pour obtenir une pâte liquide et sans grumeaux. Laisser reposer une heure.

Avec un pinceau, badigeonner d'huile d'olive une poêle, faire chauffer, puis y verser 2 cuillères à soupe de pâte : bien répartir dans la poêle pour former deux petites crêpes. Laisser cuire les crespelle 2 min environ, jusqu'à ce qu'elles soient dorées, avec de petits points marron, puis retourner et laisser cuire encore 2 min. Préparer 6 crespelle et les empiler sur une assiette.

Bien laver les épinards, les égoutter et les hacher grossièrement. Dans une sauteuse, faire fondre le beurre à feu moyen et y laisser suer les épinards environ 5 min. Pendant ce temps, faire bouillir de l'eau dans une casserole, puis y verser le chou-fleur lavé et coupé en petits bouquets. Laisser cuire environ 15 min.
Préchauffer le four à 180 °C.
Mettre les épinards dans un plat creux avec la ricotta, incorporer le jaune d'œuf, saler, poivrer et mélanger.

Sur une plaque de cuisson, former le « gâteau » de crespelle. Pour cela, partager les épinards en 5 portions. Poser d'abord une crêpe, puis recouvrir avec une portion d'épinards, et répéter l'opération. Terminer par une crêpe sur le dessus. Saupoudrer de parmesan et passer environ 15 min au four. Sortir du four, laisser un peu refroidir, puis couper le gâteau de crêpes en quatre parts.

Égoutter le chou-fleur et l'écraser avec le beurre et le bouillon de légumes, en ajoutant le bouillon au fur et à mesure jusqu'à obtenir la consistance souhaitée. Saler et poivrer.
Garnir les assiettes de purée de chou-fleur, disposer une part de gâteau de crespelle sur chaque assiette et servir.

Risotto aux asperges

600 g d'asperges vertes ou blanches
300 g de riz carnaroli
50 g de beurre
100 ml de vin blanc
50 g de parmesan râpé
2 c. à s. de persil plat haché
sel, poivre noir

Laver les asperges vertes et retirer les parties basses trop dures. Éplucher délicatement les asperges blanches, retirer largement les parties basses. Conserver les « déchets » des asperges blanches (c'est-à-dire les parties basses et la peau) et les faire bouillir environ 10 min dans 1 litre d'eau, puis égoutter en conservant seulement l'eau de cuisson.

Couper les tiges d'asperges en tronçons de 3 cm de long et les faire cuire 5 min dans une casserole d'eau frémissante salée. Les égoutter tout de suite en conservant l'eau de cuisson.

Faire fondre la moitié du beurre dans une casserole, ajouter le riz et le laisser revenir en remuant constamment jusqu'à ce que les grains deviennent translucides. Ensuite, ajouter le vin blanc et laisser mijoter jusqu'à ce que le riz ait absorbé tout le liquide. Ajouter progressivement l'eau de cuisson des asperges sans cesser de remuer.

Au bout de 10 à 15 min de cuisson, ajouter dans le risotto les tronçons d'asperges et laisser encore mijoter, jusqu'à ce que le risotto soit à la fois crémeux et légèrement ferme sous la dent.

Ajouter le reste du beurre, le parmesan et le persil, saler, poivrer et servir aussitôt.

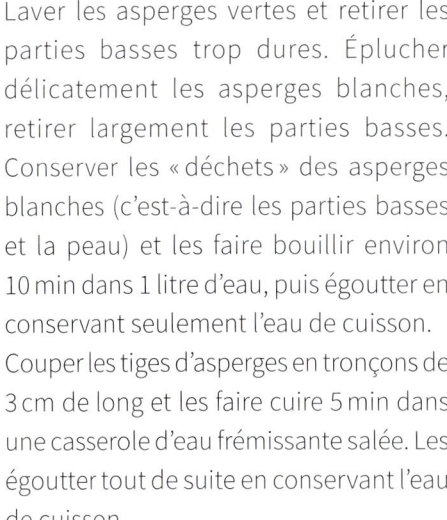

Granité aux fraises et vin rouge

400 g de fraises
80 g de sucre
320 ml d'un vin rouge léger
et fruité (le vin doit être jeune,
pas plus d'un an d'âge)
le jus d'un demi-citron
un peu de sucre glace

Laver les fraises, les couper en deux, les mélanger au sucre et au vin et laisser reposer 30 min. Placer le mélange dans une casserole, faire bouillir quelques instants, puis laisser mijoter 10 min en baissant le feu, tout en remuant régulièrement. Après cuisson, réduire en purée, passer à la passoire et laisser refroidir dans un plat creux.

Une fois la préparation refroidie, ajouter le jus de citron, avec un peu de sucre glace si nécessaire, et mélanger. Placer le tout au congélateur et laisser prendre au moins 12 heures.

20 min avant de servir, sortir du congélateur et gratter la purée de fraises glacée à la fourchette : le granité doit avoir la consistance de la neige. Servir dans des verrines ou des verres à Martini et déguster aussitôt.

L'été à l'Osteria Candosin

Souvent, l'été était assez calme à l'*Osteria*, en partie en raison du fait que le restaurant n'offrait que peu de places en terrasse, Carlo ne voyant jamais d'un très bon œil les clients s'installer dehors… si tant est qu'il consente à aller chercher des tables et des chaises à la cave ! Les serveurs lui disaient merci, car ils avaient moins de kilomètres à parcourir, et les clients ne lui en tenaient pas rigueur. L'atmosphère entourant le repas était très importante à ses yeux. Il se donnait tant de mal pour aménager son restaurant de façon à ce que tout le monde s'y sente à l'aise : pourquoi aller se mettre dehors, alors qu'on était si bien dedans ?

Des centaines de livres de cuisine, dans d'innombrables langues, se pressaient sur les étagères de l'*Osteria*. Les feuilleter était pour les clients, mais aussi pour Carlo, un plaisir toujours renouvelé. Dans sa bibliothèque, une place était réservée à quelques maisons d'édition dont il aimait présenter les nouveautés : on pouvait même les acheter sur place, au restaurant.

Les livres « maison » étaient réunis sur un présentoir : ceux que Carlo avait lui-même écrits, et ceux qu'il avait fait paraître aux éditions Cucina e Libri. Par exemple, un très joli petit livre sur l'asperge, et un autre, tout aussi réussi, sur la pomme. Du point de vue éditorial, ce n'étaient peut-être pas des bestsellers, mais ils disaient bien son désir d'aller au fond des choses. Par exemple quand il s'agissait de ses cerises bien-aimées, qui trônaient sur une brochette avec du melon, de la menthe et de la burrata, pour accompagner une soupe au melon. C'était un de ces plats dont la

description fait envie, avec une inquiétude secrète cependant (le mariage des saveurs sera-t-il vraiment heureux ?), alors que pour finir, on n'en laisse pas une miette, enchanté de son choix. Mais si Carlo n'aimait pas qu'on s'installe dehors, c'est aussi parce qu'il craignait de perdre de vue ses clients. Sa place préférée, près des fourneaux, était une petite table tout au fond de la salle, où il venait se reposer, faire quelques paperasses, dire bonjour et au revoir à ses hôtes. Les amies et amis pouvaient être tranquilles : Carlo leur ferait toujours une petite place à côté de lui à cette table. D'ailleurs, il n'était pas rare qu'un client se retrouve assis à côté de lui après le dîner et se voie offrir un petit digestif. Ou alors, avant le repas, proposer une bouteille qui ne figurait pas sur la carte des vins, mais que Carlo, comme un magicien, tirait soudain de dessous la table.

C'est encore à cette table que chaque jour, il écrivait son menu. À la main, d'abord, puis sur une machine à écrire qui, non contente de peser une tonne, faisait un boucan d'enfer. Les fautes les plus visibles étaient soigneusement effacées à la main : la carte aussi était artisanale, *fatta in casa*. Quant à savoir ce qui serait au menu, la décision était souvent prise au dernier moment. Carlo savait ce qu'il avait dans sa cuisine, pouvait compter sur quelques idées et quelques préparations commencées, mais comment tout cela serait-il combiné ? La plupart du temps, c'était selon l'humeur du moment. Pas de spéculations sur ce que commanderaient les clients : de toute façon, ils n'avaient pas le choix (sauf celui du nombre de plats : quatre plats, soit le menu complet, ou trois seulement).

Les *dolci* avaient pour lui une grande importance. Son gâteau au chocolat était un dessert de légende – et l'est encore quand on le prépare en suivant sa recette. Grand classique souvent au menu : le tiramisu, avec ses mille et une variations. On sait que les puristes ont tendance à mépriser le chocolat blanc ; Carlo, pourtant, l'employait sans hésitation. Presque tous ses desserts avaient un petit détail en commun : ils arrivaient sur la table saupoudrés de morceaux de pistache, choisis non seulement pour la petite touche colorée, mais aussi pour ce petit croquant inimitable qui faisait de n'importe quel gâteau un gâteau signé Carlo.

L'*Osteria Candosin* était petite – une trentaine de couverts à peine. Ce qui avait aussi l'avantage de permettre quelques extravagances en cuisine. Les blettes, par exemple, demandent beaucoup de préparation, mais cela n'empêchait nullement Carlo de les décliner à l'infini. Il aimait les châtaignes, et la farine que l'on en tire, bien qu'elle soit relativement coûteuse, entrait souvent dans ses préparations. Les fleurs de courgette sont fragiles et doivent être travaillées avec délicatesse : autant d'objections dont il ne s'embarrassait pas – pas plus que ses aides en cuisine.

Menu di giugno
Menu de juin

PRIMO

**Mille foglie di pane carasau e verdure grigliate
con crema di basilico**

Millefeuille de pain sarde (carta da musica ou pane carasau)
légumes grillés et crème de basilic

SECONDO I

**Insalata di lenticchie nere con peperoni gialli e sedano, involtino
di melanzane, fiori di zucchine fritti**

Salade de lentilles noires, roulé d'aubergines farci au robiola,
fleurs de courgette frites

SECONDO II

Ravioli con ricotta e limone

Raviolis (maison, évidemment !) ricotta-citron
aux citrons d'Amalfi, c'est encore meilleur !

DOLCE

Fragole con creme di mascarpone o quasi un tiramisù

Fraises marinées à la crème de mascarpone – presque un tiramisu

Millefeuille de pain sarde, légumes grillés et crème de basilic

1 paquet de pane carasau
1 petite courgette
1 petite aubergine
1 fenouil
1 poivron (ou un autre légume de saison)
2 c. à s. d'huile d'olive
sel, poivre
1 portion de crème de basilic (p. 13)

Préparer la crème au basilic comme dans la recette de base de la p. 13.

Laver les légumes et les couper en tranches dans le sens de la longueur ou de la largeur, puis les faire revenir à la poêle dans l'huile d'olive, à feu vif. Saler et poivrer généreusement.

Briser en morceaux le pane carasau. Dans chacune des quatre assiettes, former une couche de légumes, recouvrir d'un peu de crème de basilic, casser le pane carasau en morceaux, puis répéter l'opération trois à quatre fois. Sur le dessus, verser le reste de la crème de basilic, et servir… avec précaution pour ne pas que la « tour » s'effondre !

À savoir : les visiteurs venus du continent n'appelaient pas le pain très mince typique de la Sardaigne pane carasau, comme les autochtones, mais carta da musica, autrement dit « papier à musique ». Sa fabrication demande beaucoup de travail, et comme les galettes se conservent longtemps, il est plus pratique d'en acheter ou d'en commander un paquet d'environ 250 g dans une épicerie italienne.

Salade de lentilles noires, roulé d'aubergines au robiola, fleurs de courgette frites

1 aubergine
100 g de robiola
1/2 c. à s. de chapelure
sel, poivre noir
huile d'olive

150 g de lentilles noires béluga
1 c. à s. d'huile d'olive
1 petit poivron jaune
2 à 3 branches de céleri
un peu de jus de citron
4 fleurs de courgette
40 g de farine
100 ml d'eau froide du robinet
huile d'olive
sel, poivre
1 c. à s. de persil plat haché

Bien rincer dans une passoire les lentilles béluga, puis les mettre à cuire dans une casserole avec deux fois leur volume d'eau pendant environ 20 min. Les lentilles doivent encore être fermes sous la dent. Laisser refroidir.

Pendant ce temps, préchauffer le four à 200 °C. Laver l'aubergine et la couper en tranches d'un demi-centimètre dans le sens de la longueur et, sans attendre, les faire dorer des deux côtés dans de l'huile d'olive bien chaude. Égoutter sur du papier absorbant.

Couper le robiola en tranches fines, les disposer sur les aubergines, poivrer, et ajouter un peu de sel si le fromage n'est pas trop salé. Rouler le tout, puis placer les roulés aux aubergines (au moins 4) dans un moule ou un plat à gratin et recouvrir de chapelure. Faire gratiner environ 20 min dans le four préchauffé.

Laver le poivron et les branches de céleri, les couper en petits morceaux, puis les incorporer aux lentilles avec l'huile d'olive et éventuellement un peu de jus de citron. Saler, bien mélanger et laisser reposer.

Garnir les 4 assiettes de salade de lentilles. Avec des ciseaux, ouvrir délicatement les fleurs de courgette dans le sens de la longueur, retirer le pistil.

Délayer la farine dans de l'eau pour obtenir une pâte légère (elle doit être bien liquide), saler et poivrer. Plonger les fleurs dans la pâte et les faire frire dans suffisamment d'huile bouillante jusqu'à ce qu'elles prennent une belle couleur dorée. Aussitôt, placer une fleur de courgette frite et un roulé aux aubergines sur chaque assiette de salade de lentilles, saupoudrer de persil haché et servir.

Raviolis ricotta-citron

1 portion de préparation
pour pâtes fraîches (p. 14)
2 citrons bio ou citrons d'Amalfi
1 petite botte de persil plat
50 g de parmesan
400 g de ricotta
beurre
un peu de bouillon de légumes (p. 16)
sel

Préparer la pâte des raviolis frais selon la recette de base de la p. 14. Bien laver et sécher les citrons et le persil, puis râper finement l'écorce des citrons et hacher finement le persil. Râper le parmesan et bien le mélanger à la ricotta, avec une cuillère à soupe de persil et le zeste de citron.

Passer plusieurs fois la pâte des raviolis à la machine à pâtes, en réduisant à chaque fois le degré d'ouverture. Terminer par le plus fin, si possible deux fois, pour obtenir une pâte très mince.

Sur une bande de pâte, déposer une bonne cuillerée à café de farce, en conservant un écartement de 1 cm entre les cuillerées de farce. Recouvrir par une autre bande de pâte, en appuyant bien entre les raviolis pour les sceller. Ensuite, découper les raviolis avec une roulette dentée ou, à défaut, avec un couteau. Déposer un à un les raviolis terminés sur une plaque à pâtisserie farinée, en recouvrant le tout avec un linge jusqu'à ce que l'opération soit terminée.

Faire bouillir une casserole d'eau salée puis y jeter 6 à 8 raviolis à la fois et les laisser cuire 1 à 3 min, jusqu'à ce qu'ils remontent à la surface (plus la pâte sera fine, plus la cuisson sera rapide). Sortir les raviolis de l'eau frémissante et les remuer quelques instants dans une poêle avec du beurre fondu et un peu de bouillon de légumes, assaisonner de persil et d'un peu de sel.

À savoir : si l'on peut se procurer des citrons d'Amalfi, ils donneront une saveur toute particulière à ces raviolis.

Fraises marinées
à la crème de mascarpone

500 g de mascarpone
40-50 g de sucre
3 œufs bio
150 g d'amaretti (biscuits)
un peu d'amaretto (liqueur)
400 g de fraises

Mélanger le mascarpone et le sucre, en ajoutant le sucre peu à peu jusqu'à obtenir la saveur souhaitée.

Séparer les jaunes d'œuf des blancs et battre les blancs en neige ferme. Ajouter les jaunes d'œuf au mélange au mascarpone, puis incorporer délicatement les œufs en neige. Placer la crème ainsi obtenue au réfrigérateur et laisser reposer au moins 3 heures au frais.

Selon leur taille, couper les fraises en quarts ou en huitièmes, les couvrir d'un peu de sucre en poudre et les réserver.

Avant de servir, écraser grossièrement les biscuits amaretti et les placer au fond de 4 à 6 verres pas trop étroits, ajouter quelques gouttes d'amaretto. Ensuite, recouvrir de crème au mascarpone, puis de morceaux de fraises.

À savoir : en principe, il faudrait 100 g de mascarpone par personne et les recettes de ce livre sont conçues pour 4 personnes… mais le mascarpone se vend en barquette de 500 g et non 400. On préparera sans doute un peu trop de ce dessert… mais il serait bien étonnant qu'il en reste !

Menu di luglio
Menu de juillet

PRIMO

Spiedino di melone, ciliegie, menta e burrata su zuppa di melone

Soupe froide de melon et sa brochette de melon, cerises, menthe et burrata

SECONDO I

Peperonata mista con stick di melanzane alla milanese

Poivrons rouges et jaunes confits, bâtonnets d'aubergines à la milanaise

SECONDO II

Tagliatelle con piselli e carciofini

Tagliatelles aux petits pois frais et artichauts

DOLCE

Tiramisù ai lamponi, crumble di cioccolata bianca e pistacchi

Tiramisu aux framboises, crumble de chocolat blanc et pistaches

PRIMO

Soupe froide de melon et sa brochette de melon, cerises, menthe et burrata

Env. 450 g de melon de Cavaillon
ou cantaloup
1 c. à s. de porto ou de xérès
100 ml de bouillon de légumes (p. 16)
1/2 c. à s. de jus de citron
sel, poivre
4 cerises
1 branche de menthe fraîche
1 burrata ou 1 mozzarella de bufflonne

Couper en deux les melons, retirer les graines. Former quatre boules au moyen d'une cuillère spéciale et les réserver. Retirer le reste de la chair et la mixer avec le porto, le bouillon de légumes froid et le jus de citron. Ajouter sel et poivre. Selon la température souhaitée pour la soupe de melon, mettre le mélange au frais ou le laisser à température ambiante.
Ensuite, former 4 brochettes en plaçant sur une pique en bois une boule de melon, une feuille de menthe, une cerise dénoyautée et un petit morceau de burrata. Répartir la soupe de melon dans des verres et placer une brochette sur chaque verre avant de servir.

SECONDO I

Poivrons rouges et jaunes confits, bâtonnets d'aubergines à la milanaise

1 portion de peperonata (p. 14)
1 aubergine
sel, poivre noir
1 c. à s. et demie de farine
2 œufs bio
50 g de pecorino râpé
200 ml d'huile d'olive
1 citron bio
4 branches de thym

Tagliatelles aux petits pois frais et artichauts

Préparer la peperonata en suivant la recette de base de la p. 14. Laver les aubergines et les couper en tronçons d'environ 1 cm d'épaisseur. Sur leurs deux faces, saler et poivrer légèrement. Ensuite, débiter les tranches en bâtonnets d'environ 1 cm de large.

Verser la farine dans une assiette. Dans une deuxième assiette, battre ensemble les œufs et le pecorino.

Rouler dans la farine les bâtonnets d'aubergines, puis les secouer pour en faire tomber l'excès de farine.

Faire chauffer l'huile d'olive dans la poêle, plonger l'un après l'autre les bâtonnets dans le mélange d'œufs et de pecorino, puis les faire bien dorer à la poêle. Les placer ensuite sur un papier absorbant et tenir au chaud dans le four à 50-70 °C jusqu'à ce que tous les bâtonnets soient prêts.

Ensuite, répartir la peperonata tiède dans les 4 assiettes, placer les bâtonnets d'aubergines bien chauds sur le dessus et décorer chaque assiette d'un quartier de citron et d'une branche de thym avant de servir.

200 g de préparation
pour pâtes fraîches (p. 14)
300 g de petits artichauts
150 g de petits pois frais
(ou à défaut surgelés)
le jus d'un demi-citron
3 c. à s. d'huile d'olive
1 gousse d'ail
150 ml de vin blanc
2 c. à s. de persil haché
1 c. à s. de marjolaine fraîchement effeuillée
100 ml de crème (à temp. ambiante)
4 c. à s. de pecorino râpé
sel, poivre noir

Pour la pâte des tagliatelles fraîches, suivre la recette de base de la p. 14.

Ôter la tige des artichauts, couper la pointe avec un couteau bien aiguisé et retirer les feuilles extérieures trop dures. Couper chaque artichaut en quatre et placer les morceaux dans un saladier plein d'eau additionnée de jus de citron.

Faire chauffer l'huile d'olive dans une poêle et y mettre la gousse d'ail hachée, les artichauts bien égouttés et les petits pois. Laisser revenir 3 min à feu moyen.

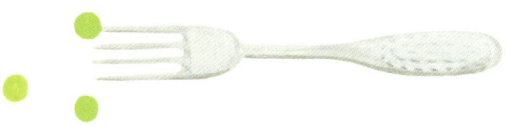

Déglacer au vin blanc, puis couvrir et laisser les légumes mijoter à feu doux pendant 15 min. Si nécessaire, ajouter un peu d'eau. Garder au chaud.

Passer plusieurs fois la pâte dans la machine en réduisant à chaque fois l'ouverture, jusqu'au niveau juste avant le plus étroit. Découper les tagliatelles et les déposer au fur et à mesure sur une plaque farinée, en les recouvrant d'un linge pour éviter qu'elles ne sèchent.

Faire cuire les pâtes 2 à 3 min dans une grande quantité d'eau bouillante salée, puis égoutter, ajouter tout de suite les herbes, les légumes et la crème en remuant délicatement. Saler, poivrer, saupoudrer de pecorino et servir aussitôt.

À savoir : les petits pois surgelés ont l'avantage d'être disponibles toute l'année, mais les petits pois frais sont incomparablement plus sucrés. Même si les écosser demande un peu plus de temps, une fois que l'on a goûté la saveur des petits pois frais, leurs cousins en sachet sont bien vite oubliés.

Tiramisu aux framboises, crumble de chocolat blanc et pistaches

300 g de framboises

30 g de sucre

3 œufs bio

50 g de sucre

1 c. à s. de sucre vanillé

300 g de mascarpone

le zeste d'un demi-citron bio

100 g de biscuits à la cuillère

4 c. à s. de sirop de framboise ou liqueur de framboise

50 g de chocolat blanc haché

50 g de pistaches concassées

Mélanger délicatement les framboises et le sucre, puis mettre au frais. Séparer les jaunes d'œuf des blancs, puis battre les blancs en neige très ferme.

Battre vigoureusement ensemble les jaunes d'œuf et le sucre vanillé jusqu'à ce que le mélange devienne mousseux. Ajouter alors le mascarpone et le zeste de citron pour obtenir une crème homogène. Incorporer délicatement les blancs en neige.

Garnir de biscuits à la cuillère le fond d'un plat creux en verre, puis les arroser délicatement du sirop ou de la liqueur de framboise. Égoutter délicatement les framboises, recueillir leur jus et le verser sur les biscuits.

Répartir la moitié de la crème sur les biscuits imbibés, étaler les framboises par-dessus, puis recouvrir avec le reste de la crème et égaliser la surface avec le dos d'une cuillère.

Laisser reposer au réfrigérateur au moins 6 heures, idéalement 12 heures.

Avant de servir, saupoudrer de pépites de chocolat et de pistaches.

Menu di agosto
Menu d'août

PRIMO

Fiori di zucchini ripieni, zucchini brasati al burro

Fleurs de courgette farcies, petites courgettes au beurre

SECONDO I

Sorbetto di peperoni, crema di fagioli bianchi, pane all'anice

Sorbet de poivron sur une crème de haricots blancs, pain à l'anis

SECONDO II

Ravioli al limone con ripieno di bietole, ricotta di bufala e parmigiano

Raviolis farcis aux blettes, à la ricotta de bufflonne et au parmesan

DOLCE

Crema di albicocche con crumble di cantucci e amaretto

Crème abricot-ricotta au crumble de cantucci, avec une touche d'amaretto

Fleurs de courgette farcies, petites courgettes au beurre

250 g de petites courgettes
1 petite échalote
25 g de beurre
huile d'olive
1/2 c. à c. de thym
sel, poivre noir

4 fleurs de courgette
40 g de mozzarella fior di latte
(ou de ricotta)
1/2 jaune d'œuf
1 c. à s. de persil plat haché
un peu de basilic haché
l'écorce d'1⁄2 citron bio
1/2 gousse d'ail écrasée
20 g de parmesan râpé
4 tiges de ciboulette
2 c. à s. d'huile d'olive
25 g de beurre
farine
sel, poivre noir

Laver les courgettes et les couper en petits cubes. Émincer l'échalote.

Faire chauffer le beurre et l'huile dans une poêle, y verser les cubes de courgettes et l'échalote, laisser cuire environ 15 min à feu moyen. En fin de cuisson, ajouter le thym fraîchement haché. Saler, poivrer et garder au chaud.

Couper en deux les fleurs de courgette dans le sens de la longueur, retirer le pistil. Dans un saladier, bien mélanger la mozzarella fior di latte, le jaune d'œuf, le persil, le basilic, le zeste de citron, l'ail et le parmesan. Saler et poivrer. Avec une petite cuillère, remplir chaque demi-fleur de ce mélange, puis refermer la fleur en l'attachant avec un brin de ciboulette. Dans une poêle, faire chauffer le beurre et l'huile. Rouler délicatement les fleurs dans la farine, puis les faire bien dorer dans la poêle à feu moyen.

Garnir chaque assiette de cubes de courgettes, placer les fleurs de courgette dessus et servir aussitôt.

Sorbet de poivrons sur crème de haricots blancs, pain à l'anis

75 g de sucre
150 ml d'eau
600 g de poivrons rouges
1 c. à s. et demie de jus de citron
3/4 c. à c. de sel
un peu de poivre

200 g de haricots blancs cannellini
2 branches de sauge
1 à 2 c. à s. de jus de citron
sel, poivre noir

275 g de farine
3 généreuses pincées de sel
3 pincées de sucre
1 c. à c. de graines d'anis
1 c. à c. et demie de levure chimique
50 g de beurre fondu tiédi
3 œufs bio
180 ml de lait

qq. tomates cerises de diverses couleurs
1 petite courgette
2 carottes moyennes
huile d'olive
sel, poivre noir

Laisser tremper les haricots secs toute une nuit dans l'eau froide.

Tout en remuant, amener à ébullition l'eau et le sucre dans une casserole, puis baisser le feu et laisser frémir environ 2 min, puis laisser refroidir.

Peler les poivrons (c'est plus facile avec un épluche-légumes dentelé), ou les nettoyer soigneusement. Retirer l'intérieur (membranes blanches et pépins), puis les découper en morceaux de 2 cm de côté environ.

Verser les morceaux de poivron et le jus de citron dans le sirop de sucre, saler, poivrer et mixer le tout. Si l'on préfère un sorbet parfaitement lisse et fondant, on passera le tout au chinois (passoire fine).

Laisser la glace prendre dans une sorbetière ou, à défaut, mettre la préparation au congélateur dans un saladier en inox et laisser prendre environ 3 heures, en la sortant deux ou trois fois du congélateur pour mélanger vigoureusement avec une fourchette.

Pendant ce temps, égoutter les haricots secs et les mettre à cuire dans une grande quantité d'eau salée. Réserver une belle feuille de sauge. À ébullition, ajouter le reste du bouquet de sauge aux haricots, baisser le feu et laisser cuire environ une heure, jusqu'à ce qu'ils soient bien tendres.

Ensuite, égoutter les haricots, en conservant un peu d'eau de cuisson. Retirer la sauge, mixer les haricots avec un peu de leur eau de cuisson, rectifier

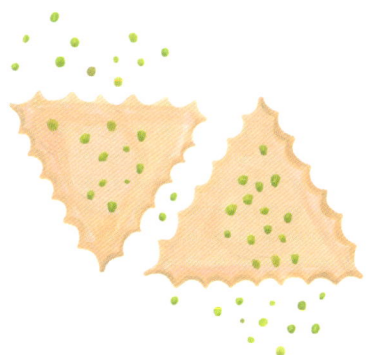

l'assaisonnement en ajoutant si néces-saire sel, poivre et jus de citron. Hacher la feuille de sauge et l'incorporer à la crème de haricots.

Préchauffer le four à 180 °C.

Mélanger dans un saladier la farine, le sel, le sucre, les graines d'anis et la levure.

Dans un autre plat, battre les œufs avec le sucre et le lait, puis les incorporer au mélange de farine pour obtenir une pâte homogène.

Placer le tout dans un petit moule à cake ou à manqué préalablement beurré et laisser cuire environ 25 à 30 min.

Couper les tomates en deux, les courgettes en tranches. Couper les carottes en longues bandes dans le sens de la longueur. Faire revenir le tout à la sauteuse sur feu vif dans l'huile d'olive, puis saler et poivrer.

Étaler au fond des assiettes la purée de haricots blancs, lisser la surface, puis disposer sur chaque assiette une boule de sorbet, les légumes grillés et deux tranches de pain à l'anis.

Raviolis farcis aux blettes, à la ricotta de bufflonne et au parmesan

1 portion de préparation
pour pâtes fraîches (voir p. 14)
400 g de blettes
100 g de ricotta de bufflonne
1 œuf
50 g de parmesan
le zeste et le jus d'1 citron bio
sel, poivre noir
beurre
un peu de bouillon de légumes (p. 16)
1 c. à s. de persil plat haché

Préparer la pâte en suivant la recette de base de la p. 14.

Bien laver les blettes et les faire rapidement blanchir dans l'eau bouillante salée, égoutter, presser et laisser refroidir. Ensuite, les hacher grossièrement.

Dans un saladier, bien mélanger les blettes hachées, la ricotta, l'œuf, le parmesan et le zeste de citron, puis rectifier l'assaisonnement en ajoutant un peu de jus de citron, de sel et de poivre.

Passer plusieurs fois la préparation pour pâtes fraîches dans la machine à pâtes, en réduisant à chaque fois l'ouverture pour obtenir les plaques les plus fines possible. Pour les raviolis, l'idéal est de passer deux fois la pâte dans l'ouverture la plus petite. Sur l'une des plaques obtenues, former les raviolis en déposant une bonne cuillère à café de farce, en gardant un espacement d'environ 1 cm entre chaque cuillerée, puis recouvrir d'une autre plaque de pâte. Bien presser entre chaque ravioli, puis découper avec une roulette dentée ou à défaut un couteau. Déposer chaque ravioli sur une plaque à four ou un plateau fariné et recouvrir d'un linge jusqu'à ce que l'opération soit terminée.

Faire bouillir de l'eau salée dans une grande casserole, puis y jeter les raviolis, 6 à 8 à la fois. Laisser frémir 2 à 3 min, jusqu'à ce que les raviolis remontent à la surface (plus la pâte sera fine, plus la cuisson sera rapide). Sortir les raviolis de l'eau avec une écumoire, les passer quelques instants à la poêle avec le beurre fondu et un peu de bouillon de légumes. Parsemer de persil haché et ajouter éventuellement un peu de sel de mer.

Crème abricot-ricotta au crumble de cantucci, avec une touche d'amaretto

350 g d'abricots
20 g de sucre
180 ml de crème
180 g de ricotta
35 à 40 g de sucre
2 à 3 c. à s. de cantucci hachés (biscuits aux amandes)
amaretto (liqueur)

Laver les fruits et mettre de côté les deux plus beaux abricots.

Ouvrir les autres fruits, retirer les noyaux, puis laisser cuire environ 5 min à la vapeur dans un cuit-vapeur ou un panier placé au-dessus d'une casserole d'eau bouillante.

Passer les abricots cuits à travers une passoire, puis mélanger le sucre à la purée encore chaude, jusqu'à ce qu'il ait complètement fondu. Bien laisser refroidir, goûter et ajouter un peu de sucre si nécessaire, mais en laissant une certaine acidité. Mettre au réfrigérateur.

Battre ensemble la crème, la ricotta et le sucre, jusqu'à ce qu'on puisse former des montagnes bien pointues avec le mélange.

Couper en morceaux les deux abricots restants.

Verser la moitié de la crème dans quatre coupes ou verrines, puis ajouter la moitié de la purée d'abricot et la totalité des morceaux.

Ajouter le reste de la crème, puis le reste de la purée d'abricot. Sur le dessus, ajouter les cantucci hachés et les arroser de quelques gouttes d'amaretto.

À savoir : ce dessert peut être préparé à l'avance : il suffira de laisser les verrines au réfrigérateur et d'ajouter les cantucci et la liqueur juste au moment de servir.

Menu grande d'estate
Grand menu d'été

ANTIPASTO

Focaccia pugliese • Focaccia des Pouilles aux tomates

PRIMO I

Fiori di zucchini ripiene con parmigiano, ricotta di pecora, maggiorana e aglio

Fleurs de courgette farcies au parmesan, ricotta de brebis, marjolaine et ail

PRIMO II

Lenticchie di Castelluccio con sedano e insalata di carote al limone

Lentilles d'Ombrie au céleri, salade de carottes à l'émulsion de citron

SECONDO I

Polpette di melanzane con sugo di pomodoro

Boulettes d'aubergines au coulis de tomates

SECONDO II

Risotto con carciofini guarnito con carciofini

Risotto à l'artichaut et ses artichauts frits

DOLCE

Gelato di lamponi con granita al limone

Glace à la framboise et granité au citron

Focaccia des Pouilles aux tomates

**Pour un moule rond
de 24 à 26 cm de diamètre**

300 g de farine
150 g de pommes de terre cuites
10 g de levure fraîche
2 c. à s. d'huile d'olive
1 c. à c. de sel de mer
200 ml d'eau chaude
1 c. à c. de sucre
200 g de tomates cerises de Pachino
100 g d'olives noires dénoyautées
origan
sel de mer
huile d'olive

Dans un grand saladier, mélanger l'eau tiède au sucre et à la levure, jusqu'à dissolution de la levure.

Écraser les pommes de terre avec un presse-purée.

Verser dans le saladier la farine et la purée de pomme de terre. Bien mélanger le tout.

À la fin, ajouter deux cuillères à soupe d'huile d'olive et mélanger à nouveau pour former une pâte bien homogène.

Laisser reposer au moins deux heures dans un plat généreusement huilé.

Ensuite, placer la pâte dans un plat à four, également bien huilé. Dans la région des Pouilles, on utilise un moule spécial, mais un moule à manqué ou un plat à tarte à bords assez hauts feront l'affaire.

Placer sur le dessus les olives et les tomates cerises coupées en deux, saupoudrer de sel de mer et d'origan. Laisser encore reposer une heure.

Préchauffer le four à 230 °C.

Placer la focaccia sur la grille la plus basse du four et laisser cuire environ 20 min à four chaud. Laisser refroidir et servir tiède ou froid.

Un antipasto simple, mais délicieux !

Fleurs de courgette farcies au parmesan, ricotta de brebis, marjolaine et ail

4 à 8 fleurs de courgette
(selon leur taille)
80 g de ricotta de brebis
1 jaune d'œuf
1 c. à s. et demie de marjolaine
1 gousse d'ail écrasée
40 g de parmesan râpé
4 à 8 tiges de ciboulette
5 c. à s. d'huile d'olive
50 g de beurre
farine
sel, poivre noir

Avec des ciseaux, couper délicatement en deux les fleurs de courgette, retirer le pistil. Bien mélanger la ricotta de brebis, le jaune d'œuf, la marjolaine, l'ail et le parmesan pour obtenir une farce bien homogène. Saler, poivrer.

Remplir chaque demi-fleur à la petite cuillère, puis refermer en liant la fleur avec un brin de ciboulette.

Mettre l'huile d'olive et le beurre dans une poêle. Rouler chaque fleur dans la farine et faire bien dorer à la poêle sur feu moyen. Servir aussitôt.

mangia, mangia !

Lentilles d'Ombrie au céleri, salade de carottes à l'émulsion de citron

120 g de lentilles de Castelluccio
ou de Colfiorito (Ombrie)
1 à 2 c. à s. d'huile d'olive
3 à 4 branches de céleri
1/2 gousse d'ail
sel
300 g de carottes bio
2 c. à s. d'origan
1 portion d'émulsion au citron (p. 16)

Laisser tremper les lentilles une nuit dans l'eau froide. Le lendemain, égoutter et bien rincer les lentilles dans une passoire, puis les mettre dans une casserole avec le double de leur volume d'eau salée, et laisser bouillir 15 à 30 min. Les lentilles doivent être encore un peu fermes sous la dent. Égoutter, rincer à l'eau froide et laisser égoutter. Laver le céleri et le couper en tranches très fines, puis faire de même avec la demi-gousse d'ail. Ajouter aux lentilles l'huile d'olive, saler légèrement.

Entre-temps, éplucher les carottes et les découper en rondelles aussi fines que possible au couteau ou à la râpe. Préparer l'émulsion au citron en suivant la recette de base de la p. 16. Ajouter l'origan et l'émulsion au citron, bien mélanger et laisser reposer au moins 30 à 60 min. Saler si nécessaire.
Disposer la salade de carottes sur quatre assiettes et servir la salade de lentilles par-dessus, ou présenter les deux salades côte à côte, chacune dans une petite assiette.

Boulettes d'aubergines au coulis de tomates

500 g d'aubergines
4 c. à s. d'huile d'olive
sel
80 g de pain rassis
1 œuf
60 g de parmesan râpé
3 c. à s. de farine
sel, poivre noir
3 c. à s. de basilic haché
environ 1 l d'huile de friture
1 portion et demie de coulis de tomates
(p. 15)
1 peperoncino séché

Laver les aubergines et/ou les peler, et les découper en dés. Dans une poêle, faire chauffer l'huile d'olive et y verser les dés d'aubergines, bien saler. Sur feu moyen à fort, faire revenir environ 5 min, jusqu'à ce que tout soit bien doré. Laisser refroidir. Préparer une portion et demie de coulis de tomates selon la recette de base de la p. 15.

Au bout de 15 à 20 min, ajouter le peperoncino sec émietté. Préchauffer le four à 70° C. Dans un saladier, arroser le pain rassis d'eau tiède : toutes les tranches doivent être bien imbibées et recouvertes d'eau.

Égoutter soigneusement le pain, le réduire en petits morceaux et bien le pétrir avec l'œuf, le fromage et la farine, ainsi que la purée d'aubergines. Assaisonner en ajoutant sel, poivre et basilic haché.

Faire chauffer l'huile de friture au fond d'une grande casserole. En vous aidant de deux cuillères à soupe, former des boulettes d'aubergines et les mettre à frire (6 à 8 à la fois) dans l'huile bouillante, jusqu'à ce qu'elles soient bien dorées.

Les disposer dans une assiette sur une feuille de papier absorbant, puis les garder au chaud dans le four jusqu'à ce que toute la friture soit finie.

Garnir les quatre assiettes de coulis de tomates, puis y disposer 3 à 4 boulettes et servir aussitôt.

À savoir : les boulettes d'aubergines peuvent aussi se déguster froides le lendemain.

Risotto à l'artichaut et ses artichauts frits

450 g de petits artichauts italiens
le jus d'un citron
3 c. à s. d'huile d'olive
1 gousse d'ail écrasée
100 ml de vin blanc
1 c. à s. de chapelure
1 c. à s. de persil plat haché
sel, poivre noir

240 g de riz carnaroli
30 ml de vin blanc
1/2 échalote
30 g de beurre
750 ml de bouillon de légumes
bien chaud (voir p. 16)
30 g de parmesan râpé
sel, poivre noir

Ôter si nécessaire la tige des artichauts, couper la pointe avec un couteau bien aiguisé et retirer les feuilles extérieures trop dures. Les couper en quatre et les placer dans un saladier rempli d'eau froide additionnée de jus de citron pour éviter qu'ils ne noircissent.

Dans une poêle, faire chauffer l'huile d'olive, y faire revenir la gousse d'ail et les quartiers d'artichauts bien égouttés. Laisser cuire environ 3 min à feu moyen. Arroser de 100 ml de vin blanc, puis laisser les artichauts mijoter à couvert, sur feu doux, environ 15 min, en ajoutant si nécessaire un peu d'eau. Entre-temps, hacher finement l'échalote et la faire revenir dans le beurre jusqu'à ce qu'elle devienne translucide. Ajouter le riz et laisser cuire à feu doux en remuant constamment jusqu'à ce que les grains soient translucides, puis ajouter 30 ml de vin blanc et laisser cuire jusqu'à ce que le riz semble presque sec. Recouvrir alors le riz avec le bouillon de légumes bien chaud et terminer la cuisson sur feu moyen, sans cesser de remuer. À mi-cuisson (8 min environ), ajouter au mélange la moitié des artichauts, et laisser cuire jusqu'à ce que le riz soit al dente.

Aux artichauts restants, ajouter la chapelure et le persil, saler, poivrer, couvrir et garder au chaud.

Quand le risotto est à point, y incorporer le parmesan, saler et poivrer si nécessaire. Répartir le risotto sur quatre assiettes, ajouter les artichauts mis de côté et servir aussitôt.

Glace à la framboise et granité au citron

Pour le granité :
250 ml d'eau
125 g de sucre
250 ml de jus de citron frais
(3 à 4 gros citrons bio)
l'écorce d'un demi-citron bio

Pour la glace :
400 g de framboises surgelées
ou fraîches
175 g de sucre
le jus d'un demi-citron
250 ml de crème

Dans une petite casserole, laisser bouillir environ 10 min le sucre et l'eau, jusqu'à ce que le sucre ait bien fondu et que le mélange prenne une consistance sirupeuse. Laisser un peu refroidir. En le filtrant avec une passoire, ajouter le jus de citron au sirop, mélanger et laisser reposer 30 min. Incorporer le zeste de citron, puis mettre au congélateur pour 6 à 12 heures. Sortir du congélateur 20 min avant de servir.

Placer les framboises, le sucre, le jus de citron et la crème dans un récipient à bords hauts et mixer le tout pour obtenir une masse homogène. Si on a utilisé des fruits surgelés, la glace est déjà prête à servir ; sinon, il faudra encore placer le tout 30 à 60 min au congélateur.

Répartir le dessert dans quatre coupes et gratter la purée de citron gelée avec une fourchette (le granité doit avoir la consistance de la neige). Ensuite, verser le granité ainsi obtenu sur les framboises.

autunno

△ △ △ △

FUNGHI

Le goût avant tout !

Journaliste et auteur, Carlo fréquentait volontiers les foires et salons du livre de tous les pays. À la plus importante, celle de Francfort, il présentait un jour au public l'un de ses livres de cuisine, dans la *Gourmet Gallery*. Juste avant lui, c'était le cuisinier star de la télévision allemande Alfons Schuhbeck qui parlait, et Carlo, enchanté de cette première partie inespérée, a su régaler le public déjà « chauffé » en préparant en direct un risotto aussi facile que délicieux. Les voyages jusqu'à Francfort, Londres, Buenos Aires et surtout Bologne lui offraient toujours un bon prétexte pour faire la tournée des restaurants locaux – à commencer par les meilleurs. Notre ami ne se laissait guère impressionner par les étoiles, les toques ou les classements : il fallait que ça lui plaise, à lui et aux amis qui l'accompagnaient, car Carlo était un hôte des plus généreux, dans son restaurant comme dans ceux des autres. Il se sentait à l'aise dans les lieux sans prétention, comme le *Settebello* de Francfort, tout près de la gare, où on le connaissait aussi bien qu'à Bologne et dans ses environs. Il organisait soigneusement ses visites, en veillant à réserver les tables qui l'intéressaient. Après coup, il excellait à nous décrire dans les moindres détails chaque plat consommé, et n'hésitait pas à agiter la note sous notre nez comme pour mieux appuyer son témoignage. En revanche, il ne cédait presque jamais à cette vogue photographique aujourd'hui connue sous le nom de *food porn* : la dégustation n'attend pas ! disait-il. Ce qui ne l'empêchait pas, dans son propre établissement, de prendre en photo tous ses plats.

Ses textes, il les écrivait souvent dans le train – en se rendant à Milan, par exemple, juste pour y prendre le déjeuner, faire un petit tour au marché

et se procurer quelques provisions chez *Peck*, son épicerie fine préférée. Ces expéditions culinaires lui tenaient lieu de formation continue, en lui donnant de nouvelles inspirations ou en le confortant dans ses choix.

Je me souviens de notre séjour commun au Tadjikistan, où il faut avouer que la cuisine ne l'enchantait guère. Je le vois encore s'exclamer, devant les étals colorés des marchés regorgeant d'innombrables épices, légumes et fruits : « Et dire qu'ils ont tout pour faire quelque chose de correct ! »… Il faut dire qu'il avait la cuisine italienne chevillée au corps.

À Zurich, son bar préféré était le *Kronenhalle*, qui était un peu devenu sa deuxième maison. Avec Peter Roth, qui officia au bar pendant plusieurs décennies, il a d'ailleurs écrit plusieurs livres sur l'art et l'histoire des cocktails. On peut même y boire un *heimelig* : c'est un *shortdrink* doux-amer à base de vodka, additionné d'Apérol et de Martini, que Carlo aimait venir siroter tard le soir dans l'ambiance à la fois élégante et chaleureuse du *Kronenhalle*, une fois ses derniers clients partis, la cuisine rangée et la caisse faite. Devant le bar, sur la gauche, une petite table en marbre l'attendait, avec son panneau « Réservé ». Mais, de temps en temps, il se contentait aussi d'un bon vieux gin-tonic – du moment que le gin proposé était à son goût. S'il se laissait guider par son humeur du jour pour le choix d'une boisson, en matière de légumes, Carlo accordait une grande importance à la saison et à ce qu'elle pouvait offrir. Au printemps, tout à sa joie de voir arriver les nouveaux légumes du marché, il laissait libre cours à sa créativité, inventant de nouveaux accords savoureux. Une *frittata* aux poivrons rouges et jaunes se voyait accompagnée d'asperges sauvages des Pouilles et de *cicorino*. À partir du *pane carasau*, ce pain sarde si mince qu'il aimait tant, il créait des millefeuilles de légumes à la crème de basilic. Impatiemment, il

attendait les premières tomates de l'été, celles qui ont le bon goût des vraies tomates. Parfois, il les servait tout simplement en carpaccio, avec un peu de sel et quelques gouttes de vinaigre balsamique. Les grands classiques de sa cuisine étaient les mousses de parmesan et de pecorino, faciles à préparer avec un peu d'agar-agar. Sa crème au *taleggio* était plébiscitée non seulement par les clients, mais aussi par toute l'équipe du restaurant : comme elle ne se conserve guère, on se dépêchait de la finir, avec un peu de pain maison cuit chaque jour au restaurant. Pour le *Caprese in bianco*, un gâteau citron-chocolat tout droit venu de Capri, Carlo chargeait son frère de lui rapporter spécialement les citrons de la côte amalfitaine – certes, on en trouve sur les marchés de Zurich, mais à l'en croire, leur voyage en camion leur avait fait perdre toute leur *italianità*.

Menu di settembre
Menu de septembre

PRIMO

Insalata con fichi, scaglie di parmigiano e verdure grigliate

Salade de figues fraîches, copeaux de parmesan et légumes grillés

SECONDO I

Melanzane con ricotta su sugo di pomodori leggermente picante

Aubergines à la ricotta sur un coulis de tomates légèrement pimenté

SECONDO II

Risotto con cavolo nero, spinaci e taleggio con nocciole tostate

Risotto au chou palmier, épinards et taleggio, garni de noix grillées

DOLCE

Torta di castagne alla ticinese con panna

Gâteau à la châtaigne du Tessin – crème fouettée indispensable !

Salade de figues fraîches, copeaux de parmesan et légumes grillés

1 petit fenouil
1 petite aubergine
1 petit poivron rouge
1 petite courgette
environ 100 g de salade de saison
4 grosses figues
environ 40 g de parmesan
2 c. à s. d'huile d'olive
1 c. à s. de vinaigre balsamique de Modène
sel, poivre

Laver ou éplucher les légumes et les couper en tranches ou en bandes.
Sur un grill bien chaud, les saisir rapidement avec un peu d'huile d'olive, saler et poivrer. Laver et essorer la salade.
Laver les figues et les couper en quatre ou en huit. Avec une rape, former des copeaux de parmesan.

Pour la sauce de salade, mélanger vinaigre balsamique, sel, poivre et huile d'olive, assaisonner et remuer les feuilles de salade, puis en garnir quatre assiettes. Sur ce lit de salade, disposer les légumes grillés, les quartiers de figue et les copeaux de parmesan.

Aubergines à la ricotta sur un coulis de tomates légèrement pimenté

1 portion de coulis de tomates (p. 15)
1 peperoncino séché
2 petites aubergines
huile d'olive
150 g de farce à la ricotta (p. 15)
sel, poivre noir

Préparer le coulis selon la recette de base de la p. 15 et, 5 min avant la fin de cuisson, y ajouter le peperoncino émietté, puis saler et éventuellement poivrer.

Préchauffer le four à 180 °C.

Laver les aubergines et les ouvrir en deux dans le sens de la longueur. Avec une cuillère à bords francs, retirer le cœur tendre et les grains. Disposer les moitiés d'aubergines dans un plat à gratin badigeonné d'huile d'olive. Préparer la farce à la ricotta selon la recette de base de la p. 15. En garnir les aubergines, puis passer le tout 30 à 40 min au four chaud, jusqu'à ce que la farce prenne une belle teinte jaune doré. Verser un peu de coulis de tomates au fond de chaque assiette et disposer par-dessus les moitiés d'aubergines. Saupoudrer de persil haché et servir aussitôt.

Risotto au chou palmier, épinards et taleggio, garni de noix grillées

1 oignon
40 g de beurre
120 g de chou palmier
(ou chou kale noir)
150 g d'épinards en branche
240 g de riz carnaroli
120 g de taleggio (fromage) coupé
 en dés
75 ml de vin blanc
750 ml de bouillon de légumes
chaud (p. 16)
1 c. à s. de marjolaine fraîche
sel, poivre noir
20 à 40 g de noisettes hachées
et grillées

Hacher finement les oignons. Faire fondre le beurre dans une grande casserole, puis y faire revenir les oignons jusqu'à ce qu'ils deviennent translucides. Ajouter alors le riz et laisser suer en remuant sans arrêt, jusqu'à ce que le riz semble presque sec.

Commencer alors à ajouter le bouillon de légumes chaud, par petites quantités, sans cesser de remuer, et arrêter la cuisson quand le riz est encore un peu ferme sous la dent.
Entre-temps, laver le chou et ôter les tiges trop dures. Dans l'eau frémissante salée, le faire blanchir environ 5 min, puis rincer à l'eau froide, laisser égoutter et bien presser pour en retirer toute l'eau.
Laver les épinards puis les hacher grossièrement avec le chou cuit, et 5 min avant la fin de cuisson, ajouter la verdure au riz. Ôter le risotto du feu et y incorporer le taleggio jusqu'à obtenir une consistance crémeuse. Si nécessaire, saler et poivrer. Saupoudrer de marjolaine et de noisettes grillées, puis servir aussitôt.

Gâteau à la châtaigne du Tessin

**Pour un moule rond
de 24 cm de diamètre**

2 c. à s. de raisins secs
400 g de farine de châtaigne
4 c. à s. d'huile d'olive
3 c. à s. de sucre
1 pincée de sel
900 ml d'eau froide
1 c. à c. de romarin haché
2 c. à s. de pignons de pin
200 ml de crème fraîche
50 g de sucre

Préchauffer le four à 200 °C et beurrer le moule.

Mettre les raisins secs à tremper dans un peu d'eau tiède.

Verser dans un plat la farine de châtaigne, l'huile d'olive, le sucre et le sel. Sans cesser de mélanger, ajouter l'eau peu à peu.

Verser le mélange dans le moule et saupoudrer avec les raisins secs préalablement égouttés, les pignons et le romarin. Laisser cuire environ 50 min à four chaud. Faire monter la crème avec le sucre et la servir avec le gâteau froid ou tiède. Délicieux avec un bon verre de vin rouge !

Menu di ottobre
Menu d'octobre

PRIMO

Friselle con pomodorini, basilico, aglio, olio d'olive extravergine pugliese

Friselle aux tomates, basilic et ail

SECONDO I

Orecchiette con cime di rapa e peperoncino

Orecchiette au chou cime di rapa, tomates et chili

SECONDO II

Tiella di patate e porcini, servite con peperoni rossi ripieni

Gratin de pommes de terre aux cèpes, servi avec des poivrons rouges farcis

DOLCE

Dita degli apostoli con crema d'arance

« Doigts d'apôtre » à la ricotta et à l'orange

PRIMO

Friselle aux tomates, basilic et ail

4 friselle
4 tomates bien rouges
1 à 2 c. à s. de basilic
1 gousse d'ail
1 à 2 c. à s. d'huile d'olive
sel

Couper les tomates en dés, trancher finement les feuilles de basilic. Hacher très finement les gousses d'ail. Assaisonner les dés de tomates en y ajoutant l'huile d'olive, l'ail et le basilic ; saler si besoin. Plonger très rapidement les friselle dans l'eau froide, bien égoutter, disposer dans les assiettes et recouvrir de dés de tomates.
Servir aussitôt pour éviter que les friselle ne ramollissent trop.

À savoir : originaires des Pouilles, les friselle (au singulier frisella) sont des biscottes rondes avec un trou au milieu.

Orecchiette au chou cime di rapa, tomates et chili

150 g d'orecchiette fraîches
150 g de chou cima di rapa
1 à 2 gousses d'ail
1 à 2 piments frais (selon votre goût)
1 à 2 c. à s. de chapelure (en option)
huile d'olive
sel

Retirer le trognon du chou pour n'utiliser que les parties les plus tendres, à savoir les feuilles intérieures et les petits bouquets. Bien laver les légumes. Faire blanchir le chou 10 min dans l'eau bouillante salée. Ajouter les orecchiette et laisser cuire encore 10 min : les pâtes doivent rester al dente.

Faire chauffer l'huile d'olive dans une poêle. Couper les peperoncini en fins anneaux (en enlevant éventuellement les graines), trancher finement l'ail. Faire revenir le piment et l'ail à la poêle, éventuellement avec un peu de chapelure. Lorsque l'ail prend une belle couleur ambrée, ajouter dans la poêle les orecchiette et le chou préalablement égouttés.

Répartir les pâtes dans les assiettes, ajouter quelques gouttes d'huile d'olive.

Très important : voilà un plat de pâtes où on n'ajoutera pas de fromage râpé !

Gratin de pommes de terre aux cèpes, servi avec des poivrons rouges farcis

4 grosses pommes de terre
200 g de cèpes frais
2 c. à s. de beurre
2 c. à s. d'huile d'olive
3 à 4 c. à s. de persil plat
4 à 5 c. à s. de parmesan râpé
2 c. à s. de chapelure
quelques coquilles de beurre

2 petits poivrons rouges
150 g de ricotta
1 œuf
50 g de parmesan râpé
2 c. à s. de persil plat haché
2 c. à s. de chapelure
sel, poivre noir

Laver les pommes de terre, les peler et les couper en tranches de 1 cm d'épaisseur environ. Faire cuire dans de l'eau salée pendant 10 min environ, puis égoutter et laisser un peu refroidir.

Nettoyer les champignons puis les couper en tranches. Faire chauffer dans une poêle le beurre et l'huile d'olive et faire revenir les champignons à feu moyen pendant 10 min environ, saler et poivrer.

Préchauffer le four à 180 °C. Huiler légèrement un petit plat à gratin et le garnir d'une couche de pommes de terre, puis une couche de cèpes. Saupoudrer de parmesan, saler, poivrer, ajouter le persil, puis terminer par une couche de pommes de terre. Recouvrir le tout de chapelure et de coquilles de beurre.

Couper en deux les poivrons dans le sens de la longueur et retirer délicatement l'intérieur.

Pour la farce, mélanger la ricotta, l'œuf, le parmesan et le persil, saler et poivrer. En garnir les demi-poivrons, couvrir de chapelure et faire cuire environ 20 min à 180 °C. À mi-cuisson, ajouter dans le four le gratin de pommes de terre. Sortir les deux plats du four quand ils ont pris une belle couleur dorée.

Couper les poivrons en tranches, les répartir dans les assiettes avec une portion de gratin de pommes de terre et servir.

« Doigts d'apôtre » à la ricotta et à l'orange

125 g de farine
300 ml de lait
2 œufs bio
200 g de ricotta de brebis
2 c. à s. de sucre glace
1 c. à s. d'écorces d'orange confite
150 ml de crème fraîche
1 c. à s. de zeste d'orange bio
5 prunes
50 ml de Marsala

Tamiser la farine dans un saladier, creuser un puits au milieu et y verser le lait, puis mélanger délicatement pour obtenir une pâte liquide sans grumeaux.

Battre les œufs à la fourchette, puis les ajouter à la pâte et mélanger délicatement. Couvrir le plat et placer 30 min au réfrigérateur.

Pour la garniture, mélanger la ricotta, le sucre glace et les écorces d'orange, puis mettre au frais. Faire monter la crème fraîche et y incorporer le zeste d'orange pour la parfumer, puis mettre au frais.

Sortir la pâte à crêpes du réfrigérateur et la remuer.

Laisser fondre le beurre dans une poêle, puis y verser un huitième de la pâte. Faire cuire chaque crêpe environ une minute de chaque côté. Placer les huit crêpes ainsi préparées dans une assiette et laisser un peu refroidir.

Laver les prunes et les couper en fines tranches, puis les mettre dans une petite casserole avec le Marsala, sans cesser de remuer, jusqu'à obtention d'une compote. Garnir chaque crêpe d'un huitième de la préparation au ricotta, puis rouler afin de former les « doigts ». Sur chaque assiette, placer deux « doigts d'apôtre » accompagnés de crème fouettée et de compote de prunes tiède ou froide. Servir aussitôt.

Menu di novembre
Menu de novembre

PRIMO

Insalata mista con frittatina alle erbe

Salade mélangée et omelette aux herbes

SECONDO I

Zucca Cucina e Libri

Courge façon « Cucina e Libri »

SECONDO II

Torta verde Ligure: pasta brisè ripiena di zucchine,
riso e ricotta con zucca grigliata

Tourte verte de Ligurie aux courgettes, riz et ricotta

DOLCE

Torta Campari Orange

Gâteau Campari-Orange

Salade mélangée et omelette aux herbes

1/2 gousse d'ail hachée
1 petit oignon de printemps
1/2 bouquet de menthe
1 petite poignée de feuilles de mélisse
1 petite poignée de feuilles de persil plat
1 petite poignée de cerfeuil
1 c. à s. et demie d'huile d'olive
1 c. à s. et demie d'eau froide
4 œufs bio
sel, poivre noir

150 g de feuilles de salade de saison
3 c. à s. d'huile d'olive
1 c. à s. et demie de vinaigre
balsamique de Modène
sel, poivre

Laver les fines herbes, puis les sécher et les hacher. Émincer l'oignon et l'ail.

Verser l'eau et l'huile dans une sauteuse et y laisser frémir à feu doux les herbes, l'oignon et l'ail, jusqu'à ce que l'ensemble soit tendre.

Battre les œufs avec le sel et le poivre, verser dans la sauteuse et mélanger avec les herbes. Couvrir et laisser cuire lentement à feu moyen, en rabattant plusieurs fois les bords de la frittata vers le centre afin qu'elle n'accroche pas. Dès que le mélange n'est plus liquide, retirer le couvercle, retourner la frittata et laisser cuire encore quelques instants.

Laver et essorer la salade. Préparer une vinaigrette en mélangeant l'huile d'olive, le vinaigre balsamique, le sel et le poivre et en assaisonner la salade.

Garnir de salade assaisonnée les quatre assiettes. Couper la frittata en 4 ou 8 parts et les disposer sur le lit de salade.

À savoir : la frittata peut naturellement être préparée à partir d'autres herbes fraîches, selon ce que vous offriront le jardin ou le marché.

SECONDO I

SECONDO II

Courge façon « Cucina e Libri »

Tourte verte de Ligurie aux courgettes, riz et ricotta

600 g de chair de courge (variété marina di chioggia ou hokkaido, par exemple)
1 échalote
70 g de beurre
200 ml d'eau bouillante
200 ml de Marsala
3 c. à s. de persil plat haché
50 g de pecorino (non râpé)
poivre noir
4 figues fraîches (ou sèches) coupées en quartiers

Émincer finement l'échalote, puis la faire revenir à la poêle dans le beurre. Couper la courge en dés d'environ 3 cm de côté et l'ajouter dans la poêle pour la faire revenir quelques minutes. Ensuite, ajouter l'eau et le Marsala et laisser frémir environ 20 à 30 min : la courge doit être tendre sous la fourchette. Si besoin, ajouter encore un peu de Marsala pour éviter que la courge n'attache. En fin de cuisson, poivrer.
Répartir les dés de courge dans quatre assiettes, garnir de quartiers de figue, saupoudrer de persil et de copeaux de pecorino. Servir aussitôt, accompagné de focaccia ou de baguette.

300 g de farine
1 pincée de sel
100 à 120 ml d'huile d'olive
environ 30 ml d'eau très froide

1 oignon finement haché
2 c. à s. d'huile d'olive
90 g de riz pour risotto (carnaroli ou arborio)
700 g de courgettes
50 g de parmesan râpé
125 g de ricotta
1 œuf
1 c. à c. de sel
2 c. à c. de marjolaine

Mélanger la farine et le sel, ajouter l'huile d'olive et commencer à pétrir, puis ajouter l'eau très froide et continuer à pétrir jusqu'à l'obtention d'une pâte bien lisse. Laisser reposer environ 30 min au réfrigérateur.
Faire roussir les oignons émincés dans l'huile d'olive, ajouter le riz et mélanger délicatement.
Laisser refroidir. Pendant ce temps, laver les courgettes, les couper en julienne

(fines lamelles de 4 ou 5 cm de long) et les mettre dans un grand plat.

Préchauffer le four à 200 °C.

Pour la farce, ajouter à la julienne de courgettes le parmesan, la ricotta, l'œuf, la marjolaine et le riz aux oignons. Mélanger délicatement et saler si nécessaire.

Diviser la pâte en deux portions et former au rouleau à pâtisserie deux cercles de 27 à 29 cm de diamètre environ. Huiler l'intérieur d'un moule à tarte de 26 cm environ et y placer le premier cercle de pâte, en relevant bien les bords.

Répartir la garniture sur la pâte, et recouvrir avec le second cercle de pâte, en refermant bien les bords à la fourchette.

Percer plusieurs fois le dessus de la tourte avec une fourchette. Enfourner et laisser cuire environ 30 à 35 min à four chaud jusqu'à ce que le dessus prenne une belle couleur dorée. Laisser un peu refroidir et couper des parts, arroser d'un peu d'huile d'olive et servir encore tiède.

À savoir : les parts restantes de cette délicieuse tourte verte seront parfaites le lendemain, accompagnées d'une salade.

Gâteau Campari-Orange

**Pour un moule à manqué
de 26 à 28 cm de diamètre**

125 g de beurre fondu
4 œufs bio
180 g de sucre
1 pincée de sel
500 g de yaourt à la grecque
400 g de semoule de blé dur
1 sachet de levure chimique

8 oranges sanguines bio ou à défaut
6 oranges bio
200 à 300 g de sucre
100 ml de Campari (ou un peu plus)

Prélever le zeste de 5 oranges, puis les presser toutes.
Préchauffer le four à 180 °C.
Battre vigoureusement les œufs, le sucre et la pincée de sel pendant environ 5 min pour que le mélange blanchisse. Ensuite, ajouter le yaourt, le beurre fondu, la moitié du zeste d'orange et 8 cuillères à soupe de jus.

Mélanger la semoule et la levure chimique, puis l'incorporer au mélange. Verser le tout dans un moule de forme ronde, beurré et tapissé de papier cuisson. Enfourner à mi-hauteur et laisser cuire 35 à 40 min.
Pendant ce temps, préparer le sirop.
Malheureusement, on ne trouve de bonnes oranges sanguines qu'en hiver : bien souvent, on préparera donc ce gâteau avec des oranges ordinaires. Pour le goût, la différence est minime, mais la couleur est moins spectaculaire. Dans une casserole, amener lentement à ébullition le reste du jus d'orange, le Campari et le sucre. Passer l'écumoire et laisser épaissir le sirop. Dans le gâteau encore chaud, percer un grand nombre de petits trous à l'aide d'un cure-dents, puis arroser de sirop jusqu'à ce que le gâteau en soit complètement imbibé.
Ce gâteau se déguste tiède ou froid, nature ou accompagné de crème fouettée.

Menu grande d'autunno
Grand menu d'automne

ANTIPASTO

Olive marinate • Olives marinées à l'orange, au thym et au piment

PRIMO I

Minestra di zucca e fagioli • Soupe de courge aux haricots

PRIMO II

Funghi ripieni • Cèpes farcis

SECONDO I

Ravioli con catalogna e limone conditi con una creme di cavolfiore

Raviolis à la chicorée de Catalogne et citrons confits sur crème de chou-fleur

SECONDO II

Maltagliati di barbabietola con ragu' di verza, bietole e castagne

Maltagliati aux betteraves, ragu' au chou de Milan, blettes et châtaignes

DOLCE

Torta Sacripantina (pan di Spagna con crema al burro, crema al cioccolato, marsala e rum)

Tarte Sacripantina (à la crème au beurre, crème au cacao, Marsala et rhum)

Olives marinées à l'orange, au thym et au piment

1 orange bio
1 c. à c. de graines de fenouil
2 branches de thym
1 peperoncino frais
250 g d'olives vertes et/ou noires dénoyautées
4 c. à s. d'huile d'olive

Laver l'orange et retirer tout le zeste en formant de fines bandes.

Faire légèrement griller les graines de fenouil à la poêle jusqu'à ce qu'on sente bien leur parfum, puis les broyer aussi finement que possible au pilon et au mortier.

Effeuiller le thym et le hacher finement.

Laver le peperoncino et retirer les graines avant de le hacher finement.

Mélanger les olives et les autres ingrédients, puis laisser reposer au moins 2 heures – idéalement 24 heures. Servir avec de la baguette ou de la focaccia (voir p. 17). Parfait également avec le pain à l'anis de la p. 71.

Soupe de courge aux haricots

200 g de haricots secs cannellini
140 g de courge (variété marina di chioggia ou hokkaido, par exemple)
1 petite carotte
1 petite branche de céleri
1/2 gousse d'ail
350 ml de lait chaud
1 petit oignon
1 c. à s. et demie d'huile d'olive
2 tranches de pain rassis (blanc ou complet)
1 c. à s. de persil plat haché
sel

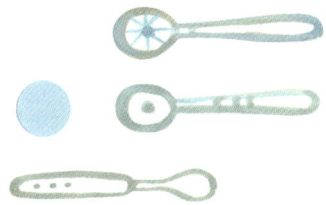

Laisser tremper les haricots secs toute la nuit dans l'eau froide.

Le lendemain, les égoutter, les mettre dans une casserole avec 1 litre d'eau salée et porter à ébullition. Ajouter dans la casserole la carotte entière épluchée, la branche de céleri et l'ail sans la peau. Laisser frémir environ une heure à feu moyen, puis retirer les légumes et l'ail, ainsi que la moitié de l'eau de cuisson.

Ajouter ensuite la courge coupée en dés et le lait, continuer la cuisson jusqu'à obtention d'une consistance crémeuse. Saler si nécessaire.

Hacher grossièrement l'oignon et le faire revenir à la poêle jusqu'à ce qu'il devienne translucide. Ajouter alors le pain rassis coupé en petits dés et faire dorer avec les oignons pour obtenir des croûtons bien croustillants. Répartir les croûtons aux oignons au fond de quatre assiettes creuses, puis verser par-dessus la soupe brûlante, saupoudrer de persil et servir aussitôt.

Cèpes farcis

12 cèpes de taille moyenne
50 g de pain de mie
4 c. à s. de lait
1 gousse d'ail
1 œuf
4 c. à s. de parmesan râpé
1 c. à c. de marjolaine fraîche
1 c. à c. d'origan frais
4 c. à s. d'huile d'olive
sel, poivre noir
80 g de mâche
1 c. à s. d'huile d'olive
1 c. à s. de vinaigre balsamique de Modène

Nettoyer les champignons avec un pinceau, et si nécessaire un torchon humide, puis les sécher. Détacher délicatement les pieds des champignons et les nettoyer au couteau.

Préchauffer le four à 160 °C. Ôter la croûte du pain de mie et le faire ramollir dans le lait, puis bien l'essorer. Passer quelques secondes au mixeur plongeant les pieds des champignons avec l'ail, le pain, un peu de sel et de poivre. Rectifier l'assaisonnement si besoin.

Placer le mélange dans un saladier, ajouter l'œuf, le parmesan et les herbes, bien mélanger. Garnir de cette farce les têtes de champignons, puis lisser avec un couteau humide.

Placer les champignons farcis dans un plat à four huilé, arroser de quelques gouttes d'huile d'olive et laisser cuire au four environ 40 min.

Mélanger énergiquement l'huile d'olive, le vinaigre balsamique, le sel et le poivre. Laver la mâche, l'assaisonner et la répartir dans quatre assiettes. Sur ce lit de salade, disposer trois champignons farcis par assiette et servir aussitôt, avec de la focaccia (voir p. 17) ou de la baguette.

Raviolis à la chicorée de Catalogne et citrons confits sur crème de chou-fleur

1 portion de préparation
pour pâtes fraîches (p. 14)
1 petit chou-fleur
50 g de beurre fondu
125 ml de bouillon de légumes
chaud (p. 16)
170 g de chicorée de Catalogne (p. 114)
170 g de ricotta de brebis
1 petit jaune d'œuf
2 c. à s. de citrons confits
1 pincée de cannelle
sel, poivre
le zeste d'un demi-citron bio
huile d'olive
parmesan râpé

Découper le chou-fleur en petits bouquets et les faire cuire environ 15 min dans une casserole d'eau bouillante salée, puis égoutter et laisser un peu refroidir. Réduire en purée les bouquets de chou-fleur avec le beurre fondu et le bouillon de légumes en ajoutant le bouillon petit à petit en fonction de la consistance. Saler et poivrer, garder au chaud.

Entre-temps, bien laver la chicorée et la couper en morceaux d'environ 4 cm de long. Mettre la chicorée dans une casserole d'eau froide salée, porter à ébullition et faire cuire environ 10 min, puis égoutter, bien exprimer toute l'eau et hacher.

Hacher les citrons et y ajouter la chicorée, la ricotta, le jaune d'œuf et les épices, pour obtenir une pâte bien homogène.

Pour la pâte des raviolis frais, suivre la recette de la p. 14.

Passer plusieurs fois la pâte des raviolis à la machine à pâtes, en réduisant à chaque fois le degré d'ouverture. Terminer par le plus fin, et de préférence deux fois, pour obtenir une pâte très mince.

Sur une bande de pâte, déposer une bonne cuillerée à café de farce, en conservant un écartement de 1 cm entre les cuillerées de farce. Recouvrir par une autre bande de pâte, en appuyant bien entre les raviolis pour les sceller. Ensuite, découper les raviolis avec une roulette dentée ou à défaut avec un couteau. Déposer un à un les raviolis terminés sur une plaque à pâtisserie farinée, en les recouvrant avec un linge jusqu'à ce que l'opération soit achevée.

Faire chauffer une grande casserole d'eau salée, puis y jeter 6 à 8 raviolis à la fois et les laisser frémir 1 à 3 min, jusqu'à ce qu'ils remontent à la surface (plus la pâte sera fine, plus la cuisson sera rapide).

Étaler la purée de chou-fleur dans les assiettes, disposer les raviolis par-dessus, arroser d'huile, parsemer de zestes de citron et de parmesan, servir aussitôt.

À savoir : la chicorée de Catalogne, également appelée chicorée asperge ou puntarelle, rappelle par son aspect le pissenlit, en plus gros. Elle est appréciée pour sa belle amertume.

S'il vous reste de la préparation pour pâtes fraîches, vous pourrez l'utiliser le lendemain pour faire de bonnes tagliatelles, à condition d'emballer la pâte dans du film plastique et de la mettre au réfrigérateur.

Maltagliati aux betteraves, ragù au chou de Milan, blettes et châtaignes

1 portion de préparation
pour pâtes fraîches (voir p. 14)
1 betterave cuite
200 g de chou de Milan
200 g de blettes
100 g de châtaignes entières bouillies
1/2 oignon
sel, poivre
parmesan râpé

Hacher ou mixer la betterave.

Pour cette recette de pâtes, mettre un seul œuf dans la préparation et, à la fin, ajouter suffisamment de betterave pour obtenir une belle teinte violette, tout en gardant une consistance facile à travailler. Laisser ensuite reposer.

Découper la préparation en petites portions et les passer plusieurs fois dans la machine à pâtes, en réduisant à chaque fois le degré d'ouverture. Pour les maltagliati, la pâte devra être réglée sur le deuxième niveau d'ouverture (en partant du plus petit), puis découpée en bandes courtes que l'on retaillera ensuite avec les doigts.

Au fur et à mesure, placer les maltagliati, sur une plaque farinée en les recouvrant d'un torchon jusqu'à ce que toutes les pâtes soient prêtes.

Hacher les oignons, laver et égoutter le chou de Milan et les blettes, les couper en fines bandes. Hacher grossièrement les chataîgnes.

Dans une poêle, faire bien chauffer l'huile d'olive et y saisir les oignons, ajouter le chou, puis un verre d'eau, et laisser réduire. Ensuite, ajouter les blettes et les châtaignes, saler et laisser cuire quelques instants à petit feu, en ajoutant un peu d'eau si besoin.

Entre-temps, amener à ébullition une casserole d'eau salée, puis la retirer du feu et y jeter les maltagliati. Au bout de 2 à 3 min, égoutter rapidement et ajouter les pâtes encore mouillées au ragoût de légumes. Répartir dans les assiettes, saupoudrer de parmesan et de poivre fraîchement moulu, puis servir aussitôt.

DOLCE

Tarte Sacripantina
(crème au beurre, crème
au cacao, Marsala et rhum)

Pour le biscuit

200 g de farine

200 g de sucre

4 œufs bio

Pour la crème au beurre

180 ml de lait

30 ml de Marsala

2 jaunes d'œuf

40 g de sucre

20 g de farine

100 g de beurre à température
ambiante

Pour la crème au cacao

200 g de beurre à temp. ambiante

175 g de sucre glace

30 g de cacao en poudre

50 ml de rhum

Pour le sirop

100 ml d'eau

100 g de sucre de canne en poudre

100 ml de rhum ou de Marsala

Pour le biscuit

Préchauffer le four à 180 °C, tapisser de papier cuisson le fond d'un moule à manqué de 26 cm de diamètre et beurrer les bords.

Fouetter le sucre et les œufs dans un cul-de-poule jusqu'à ce que le mélange ait au moins doublé de volume (environ 10 min). Ajouter peu à peu la farine en remuant délicatement, du fond du plat vers le haut. Verser la pâte dans le moule et passer au four chaud 35 min. Laisser reposer, puis démouler et laisser entièrement refroidir.

Pour la crème au beurre

Faire chauffer à feu doux le lait et le Marsala dans une casserole.

Battre les jaunes d'œuf et le sucre jusqu'à ce qu'ils moussent, puis y incorporer délicatement la farine, ajouter le mélange au lait, en remuant lentement. À nouveau, faire chauffer le tout à feu doux (sans bouillir) en remuant constamment, jusqu'à l'obtention d'une crème épaisse. Retirer du feu sans tarder et laisser refroidir, à température ambiante.

Dès que la crème est à la même température que le beurre (c'est-à-dire celle de la pièce), les mélanger délicatement ensemble avec une cuillère en bois, puis laisser quelques minutes au réfrigérateur.

Pour la crème au cacao

Incorporer délicatement le sucre au beurre à température ambiante, ajouter la poudre de cacao et le rhum et battre énergiquement au fouet, jusqu'à l'obtention d'un mélange homogène.

Pour le sirop

Faire chauffer à feu doux le sucre de canne avec l'eau en remuant jusqu'à ce que tout le sucre ait fondu. Laisser refroidir, puis ajouter l'alcool et mélanger à nouveau.

Pour monter le gâteau, diviser horizontalement le biscuit en trois tranches de même épaisseur. Placer la première tranche sur un plateau et l'imbiber de sirop à l'aide d'un pinceau. Ce premier étage doit être à peine humidifié ; les deux autres pourront être un peu plus imbibés de sirop.

Étaler toute la crème au cacao sur la première épaisseur de gâteau, en en mettant un peu plus au centre. Placer la deuxième couche de gâteau par-dessus, presser légèrement, imbiber de sirop au pinceau, puis étaler sur le dessus la moitié de la crème au beurre, là encore en en mettant un peu plus au centre. Enfin, placer la troisième tranche de gâteau sur le dessus, presser légèrement, arroser avec le sirop restant, puis recouvrir du reste de la crème au beurre. Placer le gâteau quelques heures au réfrigérateur (idéalement toute une nuit). Couper quatre morceaux de gâteau et les disposer sur des assiettes, saupoudrer de cacao ou de sucre glace et servir, éventuellement avec un bon verre de rhum.

À savoir : ce gâteau est loin d'être léger, mais il est irrésistible… et encore meilleur le lendemain ! Chaque fois qu'il était sur la carte, les employés du restaurant devenaient fous tant il demande de travail. Pourtant, Carlo y tenait absolument, car les clients étaient toujours enthousiastes. Finalement, pour l'équipe, voir revenir les assiettes à dessert vides (après un menu de trois plats !) était la plus belle des récompenses !

invErno

À la table de Carlos

Carlo était un véritable *workaholic*. Jamais il ne restait sans rien faire, et sans doute était-il de ceux pour qui le mot « vacances » contient plus de menaces que de promesses. Chaque fois qu'il voulait se reposer un peu, on pouvait parier qu'il le ferait de façon productive. Ainsi, après l'épuisante foire du livre de Francfort, il aimait s'offrir une petite escapade à San Remo, où il rendait visite à un producteur d'olives des environs, et explorer la cuisine de Ligurie en allant courir les restaurants – sans oublier d'écrire un nouveau livre, installé sur son balcon avec vue sur la mer.

Carlo a écrit des romans, des nouvelles et des poèmes. Il a été éditeur, traducteur et testeur de restaurants. Il est l'auteur de plusieurs livres sur les cocktails et livres de cuisine, parmi lesquels *La cucina verde* est sans doute son plus grand succès : on peut le lire en français, en espagnol, en allemand ou en néerlandais. Ses livres de cuisine italienne ont été pour certains traduits en italien, ce qui constitue une sorte de consécration. La dernière fois que nous avons pris un repas ensemble – c'était dans un restaurant 100 % italien – il n'a pas pu s'empêcher, au moment de partir, d'expliquer au chef comment s'y prendre la prochaine fois qu'il cuisinerait du foie.

Le choix de passer à une cuisine végétarienne a été une décision courageuse, et finalement positive – même si la consommation de boissons alcoolisées au restaurant a quelque peu diminué, car la nouvelle clientèle avait un profil différent. En contrepartie, Carlo était bien plus détendu en cuisine : il pouvait toucher à tout et laisser libre cours à sa créativité. Naturellement, il y avait déjà quelques restaurants végétariens à Zurich, mais un repas à

l'*Osteria Candosin* réservait toujours de belles surprises. Des raviolis ? Ils arrivaient à la chicorée de Catalogne et aux citrons demi-confits, avec une crème de chou-fleur. Il y avait toujours du radicchio, que le chef adorait : par égard pour ses hôtes, il veillait à ne pas le servir trop amer. Quant aux champignons, il les choisissait avec soin et mettait un point d'honneur à les nettoyer lui-même avant qu'ils ne passent à la poêle. Les menus qu'il composait ne ressemblaient pas du tout à des menus végétariens : leur harmonie était parfaite, évidente, témoignant de la profonde confiance qu'il avait dans ses produits et dans la force de leurs arômes. Cuisiner avec Carlo tenait de l'expérience de méditation, même si cela peut paraître incongru dans les cuisines d'un restaurant. Seuls moments où l'atmosphère devenait électrique : quand quelque chose lui glissait des mains – ou quand l'équipe adverse venait de marquer un but !

Les éditeurs aimaient présenter leurs nouveautés au public dans le cadre chaleureux de l'*Osteria Candosin*. Entre libraires et critiques, autrices et auteurs (Jan-Philipp Sendker, par exemple), les conversations allaient bon train tandis que Carlo, qui connaissait tout le monde, s'activait en cuisine pour ses illustres invités. Des moments comme ceux-là sont bénéfiques pour tous les participants : ils permettaient aussi au journaliste que Carlo n'a jamais cessé d'être de se tenir au courant des dernières actualités du milieu de l'édition, en gardant le contact avec les éditeurs et libraires. Carlo utilisait aussi son restaurant pour ses propres ateliers et lectures, tantôt pour lire au coin des fourneaux la prose d'un cuisinier invité, tantôt pour régaler ses hôtes d'une démonstration culinaire.

Carlo nous a quittés bien trop tôt, juste le jour où s'ouvrait le festival littéraire « Zurich liest », le 26 octobre 2016 : triste date et belle coïncidence. La sortie de ce livre qu'il aurait tant voulu écrire lui-même est une grande joie pour ses amis. En nous invitant une fois de plus à la table de Carlo, ce livre perpétue le souvenir d'un être extraordinaire. Au moment d'évoquer sa mémorable *torta al cioccolato con panna*, où l'arôme du gâteau encore tiède vient s'unir à la fraîcheur de la crème fouettée (obligatoirement saupoudrée de pistaches concassées), nous l'avons revu assis à sa petite table, au fond du restaurant à gauche : il nous guettait du coin de l'œil, nous souriait et levait son verre à notre santé.

Menu di dicembre
Menu de décembre

PRIMO

Zuppa di pastinaca con croutons

Soupe de panais et ses croûtons

SECONDO I

Melanzane ripiene su crema di zucca

Aubergines farcies sur une crème de courge

SECONDO II

Pansotti con salsa di noci

Pansotti de Ligurie aux blettes et à la ricotta, sauce aux noix

DOLCE

Torta al cioccolato con panna

Le fameux gâteau au chocolat de Carlo, accompagné de crème fouettée

Soupe de panais
et ses croûtons

50 g d'échalotes
150 g de pommes de terre
400 g de panais
40 g de beurre
100 ml de vin blanc
700 à 800 ml de bouillon
de légumes (p. 16)
100 ml de crème
sel, noix de muscade
60 g de focaccia ou de baguette
1 c. à s. de persil plat haché
1 c. à s. d'huile d'olive
le zeste d'un demi-citron bio
poivre

Couper les échalotes en fines tranches. Laver et peler les pommes de terre et les panais. Couper en dés 50 à 100 g de panais, puis les réserver. Couper en cubes plus gros le reste des panais et les pommes de terre.

Dans une casserole, faire fondre la moitié du beurre, pour y faire suer les échalotes, les panais et les pommes de terre jusqu'à ce que les échalotes deviennent translucides. Déglacer au vin blanc et laisser cuire encore quelques instants, puis ajouter le bouillon, porter à ébullition et laisser frémir une vingtaine de minutes. Pendant ce temps, couper le pain en dés. Saisir dans l'huile d'olive bien chaude, à feu moyen, les petits dés de panais mis de côté jusqu'à ce qu'ils soient tendres (environ 10 min).

Faire fondre le reste du beurre et y faire bien dorer les croûtons.

Ajouter le persil et le zeste de citron, réserver.

Si nécessaire, ajouter du sel et du poivre à la soupe, puis la mixer finement au robot ou au mixeur plongeant. Ajouter la crème (si la soupe est trop épaisse, ajouter un peu de bouillon de légumes) et une pointe de muscade.

Verser la soupe dans les assiettes, mélanger les dés de panais et les croutons pour garnir chaque assiette de ce mélange, arroser d'un filet d'huile d'olive et servir bien chaud.

Aubergines farcies
sur une crème de courge

2 aubergines
50 g de tomates cerises de Pachino
25 g d'olives noires dénoyautées
1/2 c. à s. de câpres au vinaigre
1/4 de botte de persil plat haché
1 branche de marjolaine
1 branche de thym
quelques feuilles de basilic hachées
1/2 gousse d'ail
huile d'olive
sel, poivre
1 c. à s. de parmesan râpé
un peu de chapelure

375 g de courge (variété marina di
chioggia ou hokkaido, par exemple)
100 g de pommes de terre
1/2 petit oignon
environ 250 ml de bouillon
de légumes (p. 16)
sel
huile d'olive

Laver et parer les aubergines, puis les couper en deux dans le sens de la longueur. Avec une cuillère à bords francs, creuser chaque aubergine en retirant autant de chair que possible.

Hacher finement la chair des aubergines, saupoudrer de sel les demi-aubergines creusées et les faire dégorger (perdre leur eau) dans une passoire.

Dans une poêle, faire chauffer une cuillère à soupe et demie d'huile d'olive avec l'ail épluché. Dès que l'huile est suffisamment chaude, y verser la chair d'aubergine et laisser réduire environ 10 min, puis saler et poivrer.

Préchauffer le four à 200 °C.

Laver les tomates et les couper en petits dés, émincer les olives en formant de petits anneaux, puis verser le tout dans la poêle avec les aubergines. Laisser mijoter encore 5 min, puis verser dans un plat et ajouter les câpres, les feuilles de marjolaine et de thym, le persil (en conserver un peu pour la décoration) et le basilic ciselés.

Enfin, ajouter le parmesan et la chapelure, bien mélanger et ajouter du sel si besoin. Remplir de cette farce les moitiés d'aubergines, placer dans un plat à four huilé au pinceau, et passer au four 30 min.

Éplucher la courge, la couper en deux et retirer les graines et couper la chair en dés. Peler les pommes de terre et les couper de la même façon. Hacher grossièrement

les oignons et les faire suer avec un peu d'huile d'olive dans une casserole. Ajouter les dés de courge et de pommes de terre et laisser mijoter le tout. Ajouter le bouillon de légumes jusqu'à recouvrir les légumes, puis laisser frémir 30 min.

Avec un robot ou un mixeur plongeant, réduire en une purée bien lisse, saler si besoin. Étaler la crème de courge dans chaque assiette et lisser la surface, puis placer dans chaque assiette une demi-aubergine farcie, saupoudrer de persil ciselé et servir.

Pansotti de Ligurie aux blettes et à la ricotta, sauce aux noix

1 portion de préparation
pour pâtes fraîches (p. 14)
400 g de blettes
1/2 gousse d'ail
125 g de ricotta
80 g de parmesan râpé
2 œufs bio
huile d'olive
une peu de chapelure
noix de muscade
sel

150 g de cerneaux de noix
1/2 gousses d'ail
2 tranches de pain blanc de 2 cm d'épaisseur
du lait pour mouiller le pain
environ 150 ml d'eau de cuisson des blettes
sel
20 g de beurre
quelques gouttes d'huile d'olive
parmesan râpé

Laver les blettes, retirer la nervure centrale, les faire rapidement blanchir dans l'eau bouillante. Égoutter, rincer à l'eau froide, presser pour bien exprimer toute l'eau (en réserver environ 150 ml), puis hacher finement.

Dans une poêle, faire chauffer de l'huile d'olive et faire rapidement revenir la demi-gousse d'ail et les blettes. Ensuite, retirer l'ail, puis mélanger dans un plat creux les blettes avec le parmesan, la ricotta, les œufs et un peu d'huile d'olive. L'ensemble doit avoir une consistance assez compacte : en cas de besoin, ajouter un peu de chapelure. Saler, ajouter une pointe de muscade. Laisser tremper le pain dans le lait.

Blanchir les noix décortiquées dans l'eau bouillante, retirer la fine peau intérieure, puis les passer au mixeur plongeant pour obtenir une pâte. On y ajoutera la demi-gousse d'ail écrasée, le pain détrempé et 100 à 150 ml d'eau de cuisson des blettes pour obtenir une sauce épaisse. Saler si nécessaire.

Pour la pâte des pansotti frais, suivre la recette de la p. 14.

Passer plusieurs fois la pâte à la machine à pâtes, en réduisant à chaque fois le degré d'ouverture. Pour les pansotti, l'idéal est de passer une fois la pâte par la plus petite ouverture.

Découper les bandes de pâte obtenues en carrés de 10 cm de côté, puis déposer deux cuillerées à café de farce aux blettes au milieu de chaque carré. Plier en deux le carré de pâte pour former un triangle, bien appuyer sur les bords pour refermer le pansotti. Placer les pansotti bien fermés sur une plaque farinée et couvrir d'un torchon jusqu'à ce que l'opération soit terminée.

Dans une grande casserole, faire bouillir de l'eau salée, puis y mettre 3 à 4 pansotti à la fois et les laisser frémir 3 à 5 min jusqu'à ce qu'ils remontent à la surface (plus la pâte sera fine, plus la cuisson sera rapide). Avec une écumoire, les retirer délicatement de l'eau et les passer à la poêle dans un peu de beurre fondu, puis répartir dans les assiettes. Arroser de sauce aux noix et d'un trait d'huile d'olive, servir aussitôt en mettant à disposition des convives du parmesan râpé.

Le fameux gâteau au chocolat de Carlo, accompagné de sa crème fouettée

Pour un moule à manqué de 26 cm de diamètre

200 g de chocolat noir (72 % de cacao)
200 g de beurre
4 œufs bio
200 g de sucre
sucre glace pour la décoration
1 à 2 c. à s. de pistaches concassées
150 ml de crème fouettée

Préchauffer le four à 180 °C. Tapisser de papier cuisson le fond du moule et beurrer soigneusement les bords. Casser le chocolat en morceaux et les faire fondre au bain-marie avec le beurre coupé en dés. Retirer du bain-marie et laisser un peu refroidir.

Séparer les blancs d'œuf des jaunes. Battre vigoureusement les jaunes d'œuf avec le sucre, monter les blancs en neige. Incorporer les jaunes d'œuf et le sucre dans le chocolat fondu. Pour finir, ajouter délicatement les blancs en neige dans la préparation.

Verser le tout dans le moule et faire cuire environ 25 min, jusqu'à l'obtention d'une fine croûte à la surface.

Idéalement, ce gâteau se déguste encore tiède. Battre la crème pour la faire monter, placer une part de gâteau sur chaque assiette, décorer de sucre glace et ajouter sur le côté une bonne cuillère de crème fouettée. Enfin, parsemer le gâteau comme la crème de pistaches concassées.

À savoir : en théorie, ce dessert est délicieux le lendemain, soit froid, soit tiédi au micro-ondes… mais encore faudrait-il qu'il en reste ! Ce gâteau au chocolat était un grand classique de l'*Osteria Candosin,* particulièrement apprécié des clients intolérants au gluten, car il ne contient pas du tout de farine.

ISOLA DELLA SCALA
VERONA
IL RISO CHE FAI BUON SANGUE

SALE

UOMO

DONNA

amici

LA
VITA

AMORE

famiglia

musica

BAMBINO

Menu di gennaio
Menu de janvier

PRIMO

Insalata invernale con torta di cavolo nero, nocciole
e mousse di parmigiano

Salade d'hiver, flan au chou de Milan, noisettes et mousse de parmesan

SECONDO I

»Burger« di patate e spinaci su fregola sarda con puntarelle

« Burger » épinards-pommes de terre sur un lit de fregola sarda
et de puntarelle

SECONDO II

Risotto con radicchio e una crema di gorgonzola

Risotto au radicchio et crème de gorgonzola

DOLCE

Macedona di datteri e arance

Macédoine de dattes et d'oranges

Salade d'hiver, flan au chou de Milan, noisettes et mousse de parmesan

Pour un moule rectangulaire de 26 cm

1 portion de mousse
au parmesan (p. 13)
500 g de chou kale noir (chou palmier)
1 une gousse d'ail pelée
1/2 peperoncino (éventuellement)
4 œufs bio
100 g de parmesan râpé
sel, poivre
huile d'olive
2 c. à s. de chapelure

environ 100 g de salade d'hiver
2 c. à s. d'huile d'olive
1 c. à s. de vinaigre balsamique de Modène
sel, poivre

Préparer la mousse au parmesan selon la recette de la p. 13.
Préchauffer le four à 180 °C.

Laver le chou, retirer le trognon, puis les nervures trop épaisses de chaque feuille. Laisser cuire al dente environ 8 min dans l'eau bouillante salée. Ensuite, faire revenir les feuilles de chou dans un peu d'huile avec la gousse d'ail.

Pendant ce temps, bien mélanger dans un saladier les œufs, le parmesan, le sel et le poivre.

Retirer le chou du feu et le hacher après avoir enlevé la gousse d'ail. Verser le chou haché dans les œufs au parmesan et bien mélanger le tout.

Beurrer le moule et le chemiser avec de la chapelure. Verser la préparation au chou dans le moule et recouvrir de chapelure.

Passer 30 min au four chaud, jusqu'à ce que le dessus soit bien doré. Sortir du four et laisser un peu refroidir.

Laver et essorer la salade. Préparer une vinaigrette en battant énergiquement ensemble l'huile d'olive, le vinaigre balsamique, le sel et le poivre. Assaisonner la salade, puis la répartir dans les assiettes. Sur ce lit de salade, placer dans chaque assiette une tranche de flan au chou de Milan et une portion de mousse au parmesan. Arroser d'un filet d'huile d'olive et servir aussitôt.

À savoir : ce flan au chou est également délicieux consommé froid, le lendemain.

« Burger » épinards-pommes de terre sur un lit de fregola sarda et de puntarelle

**Pour un moule à cake
de 15 à 18 cm de long**

500 g de pommes de terre farineuses
70 g de beurre fondu
70 g de parmesan râpé
1 à 2 œufs bio
2 c. à c. de chapelure
beurre pour le moule
sel, poivre noir

500 g d'épinards en feuilles surgelés
huile d'olive
sel, noix de muscade
2 oignons rouges
huile d'olive
100 g de puntarelle (voir p. 136)
25 g de beurre
150 g de fregola sarda (semoule de blé
dur de Sardaigne de forme sphérique)
env. 500 ml de bouillon de légumes
bien chaud (voir p. 16)
sel, poivre

Faire bouillir les pommes de terre avec la peau dans de l'eau salée frémissante jusqu'à ce qu'elles soient bien tendres. Peler les pommes de terre et les passer au presse-purée.

Préchauffer le four à 190 °C.

Ajouter à la purée de pommes de terre le beurre fondu, le parmesan et les œufs, bien mélanger, saler et poivrer.

Beurrer le moule et le chemiser avec de la chapelure.

Répartir soigneusement la purée dans le moule et passer au four environ 45 min. Sortir du four et laisser un peu refroidir.

Entre-temps, couper les grandes feuilles de la puntarelle en tranches de 5 cm de large, laisser entières les petites feuilles tendres, couper en deux les bourgeons, puis faire blanchir rapidement à l'eau bouillante salée, arroser d'eau froide, égoutter, presser et hacher.

Faire fondre le beurre dans une casserole, y faire dorer pendant 5 min la fregola sarda. Ajouter peu à peu le bouillon bien chaud, en remuant régulièrement. Au bout de 10 min, ajouter la puntarelle, puis laisser cuire encore 10 min. Les petites pâtes doivent rester al dente.

Faire revenir les épinards décongelés et égouttés dans une poêle avec un peu d'huile d'olive, saler et poivrer. Couper les oignons en anneaux et les faire brunir à l'huile d'olive, jusqu'à ce qu'ils prennent une belle couleur.

Couper le gâteau de pommes de terre en 8 tranches et découper dans chacune un cercle de 8 à 9 cm de diamètre. Sur chaque rondelle de pomme de terre ainsi obtenue, répartir les épinards, puis les oignons frits, puis placer sur le dessus une deuxième rondelle de pomme de terre.
Répartir la fregola sarda dans les assiettes, avec un « burger » aux épinards par personne.

À savoir : la puntarelle, également connue sous le nom de cimata ou chicorée asperge, est un légume d'hiver de la région des Pouilles. Il s'agit d'une sorte de chicorée, d'où sa saveur amère si caractéristique.

Risotto au radicchio et crème de gorgonzola

200 ml de crème
100 à 150 g de gorgonzola
poivre

220 g de radicchio
240 g de riz carnaroli
1 petit oignon
75 g de beurre
75 ml de vin blanc
environ 750 ml de bouillon
de légumes bien chaud (p. 16)
2 c. à s. de persil plat haché
40 g de parmesan râpé
sel, poivre

Couper le gorgonzola en petits dés. Dans une casserole, faire chauffer la crème, puis y faire fondre 100 g de gorgonzola. Pour obtenir une sauce au fromage plus forte en goût, il suffit d'ajouter du gorgonzola. Poivrer la sauce et réserver.
Bien laver le radicchio et le découper en bandes de 1 cm de large environ. Émincer les oignons et les faire suer avec la moitié du beurre. Ajouter le radicchio, laisser cuire encore 5 min à feu doux. Ajouter le

riz et mélanger énergiquement le tout pendant environ 2 min. Ensuite, déglacer au vin blanc et laisser mijoter jusqu'à ce que le riz paraisse presque sec. Petit à petit, ajouter le bouillon bien chaud sans cesser de remuer, jusqu'à ce que le risotto soit cuit à point, c'est-à-dire encore un peu ferme.

Pour finir, incorporer le reste du beurre et le parmesan, saler et poivrer.

Répartir le risotto dans les assiettes, verser la crème au gorgonzola par-dessus, saupoudrer de persil haché et servir aussitôt.

Macédoine de dattes et d'oranges

6 grosses oranges bio
4 dattes
sucre glace
liqueur d'orange (Cointreau ou Grand Marnier)
quelques pistaches concassées

Fileter les oranges et les placer dans un saladier. Couper les dattes en deux, retirer le noyau, puis les couper en lamelles et les ajouter aux quartiers d'orange. Adoucir selon votre goût avec un peu de sucre glace, arroser d'un peu d'alcool à l'orange. Disposer dans de jolies verrines ou verres à Martini et saupoudrer de pistaches concassées.

SUPERFINO

Menu di febbraio
Menu de février

PRIMO

Insalatina con verdure grigliate e mozzarella di bufala

Petite salade aux légumes d'hiver grillés, servie avec de
la mozzarella de bufflonne

SECONDO I

Zucchini ripieni con ricotta salata di pecora su lette di sugo
pomodori

Courgettes farcies à la ricotta de brebis sur coulis de tomates

SECONDO II

Tortellini con cima di rapa e spinaci

Tortellini au chou cima di rapa, épinards, ricotta, parmesan et œuf

DOLCE

Affogato al caffé con grappa

Glace à la vanille arrosée d'un expresso et d'un petit verre de grappa

Petite salade aux légumes d'hiver grillés, servie avec de la mozzarella de bufflonne

Pour les légumes

1/2 petit cicorino rosso ou trevisano

1 panais

2 carottes

1 petit fenouil ou autre légume de saison

huile d'olive pour la poêle

sel, poivre noir

Pour la salade

Environ 100 g de salade de saison

2 c. à s. d'huile d'olive

1 c. à s. de vinaigre balsamique de Modène

sel, poivre

2 boules de mozzarella de bufflonne

Laver ou éplucher les légumes, les débiter en morceaux de la taille d'une bouchée. Les placer sur un grill enduit d'huile d'olive bien chaude, saler et poivrer généreusement.

Laver et essorer la salade.

Battre énergiquement le vinaigre balsamique, le sel, le poivre et l'huile d'olive, assaisonner la salade avec cette vinaigrette et la répartir dans les assiettes.

Couper en deux les boules de mozzarella, placer une moitié dans chaque assiette, puis disposer les légumes grillés par-dessus et tout autour.

Courgettes farcies à la ricotta de brebis sur coulis de tomates

1/2 portion de coulis de tomates (p. 15)
2 courgettes
1 portion de farce à la ricotta (p. 15)

Préparer le coulis de tomates selon la recette de la p. 15, mais sans basilic.
Préchauffer le four à 200 °C.
Laver les courgettes, les couper en deux et retirer l'intérieur avec une cuillère à bords francs.
Préparer une farce à la ricotta selon la recette de la p. 15.

Garnir de farce à la ricotta les moitiés de courgettes, huiler un moule à gratin et passer environ 20 min au four, jusqu'à ce que se forme sur le dessus une belle croûte dorée.
Juste avant de servir, réchauffer le coulis et le verser dans les assiettes. Placer une demi-courgette farcie dans chaque assiette et servir aussitôt.

Tortellini au chou cima di rapa, épinards, ricotta, parmesan et œuf

1 portion de préparation
pour pâtes fraîches (p. 14)
200 g de chou cima di rapa
200 g épinards en feuilles
100 g de ricotta
1 œuf
sel, poivre noir
50 g de parmesan râpé
beurre
un peu de bouillon
de légumes (p. 16)
1 c. à s. de persil plat haché

Pour la pâte des tortellini frais, suivre la recette p. 14 et passer deux fois à la machine à pâtes réglée sur l'ouverture la plus petite.

Retirer les parties dures et fibreuses du chou : on n'utilisera que les feuilles et bouquets bien tendres de l'intérieur. Bien laver les légumes, puis les faire blanchir rapidement dans l'eau bouillante salée, égoutter, presser pour exprimer toute l'eau, puis laisser refroidir. Ensuite, les hacher, puis les mélanger dans un saladier avec la ricotta, l'œuf et le parmesan pour former une farce assez compacte. Saler et poivrer.

Découper les bandes de pâte obtenues en carrés de 10 cm de côté, puis déposer une cuillerée de farce au centre de chaque carré. Plier le carré de pâte pour former un triangle, appuyer sur les bords pour bien les sceller. Pour former les tortellini, placer chaque triangle garni sur votre majeur, rabattre d'abord le coin supérieur vers l'arrière, puis réunir les deux autres coins sous votre doigt pour les souder ensemble en appuyant fortement. Placer vos tortellini sur une plaque farinée, en les recouvrant d'un torchon jusqu'à ce que l'opération soit terminée.

Dans une grande casserole, faire bouillir de l'eau salée, puis y mettre 8 à 12 tortellini à la fois et les laisser frémir 2 à 3 min jusqu'à ce qu'ils remontent à la surface (plus la pâte sera fine, plus la cuisson sera rapide). Avec une écumoire, les retirer délicatement de l'eau et les passer à la poêle dans le beurre fondu, avec un peu de bouillon de légumes. Saupoudrer de persil et surtout d'un peu de sel de mer.

Glace à la vanille arrosée d'un expresso et d'un petit verre de grappa

4 grosses boules de glace à la vanille
4 expressos
4 petits verres de grappa

Répartir les quatre boules de glace dans des coupelles à dessert ou des verres à Martini. Préparer les quatre expressos, verser un peu de grappa dans chaque tasse, puis verser sur la boule de glace et servir aussitôt.

À savoir : ce grand classique de la cuisine italienne est tout simple… et n'en est que plus délicieux !

Menu grande d'inverno
Grand menu d'hiver

ANTIPASTO

Fritelle di cavolfiore • Fritelle au chou-fleur

PRIMO I

Minestrone • La soupe italienne par excellence !

PRIMO II

Trofie alla genovese

Trofie de Ligurie aux pommes de terre et au pesto

SECONDO I

Ravioli alla zucca • Raviolis à la courge, beurre de sauge et parmesan

SECONDO II

Torta di patate e catalogna con radicchio trevisano tardivo
al Marsala, nocciole

Gâteau de pommes de terre et chicorée de Catalogne,
avec radicchio trevisano braisé au Marsala et noix

DOLCE

Torta all'arancia con mousse di arancia sanguigna

Gâteau à l'orange et sa mousse d'oranges sanguines

Fritelle au chou-fleur

250 g de chou-fleur
150 g de farine
1 œuf
1 c. à s. de parmesan ou de
pecorino râpé
150 ml d'eau minérale glacée
(sortant du réfrigérateur)
huile d'olive
sel, poivre noir
1 c. à s. de persil plat haché

Découper le chou-fleur en petits bouquets et les faire cuire dans une grande quantité d'eau bouillante salée jusqu'à ce qu'ils soient bien tendres. Égoutter soigneusement. Préparer une pâte onctueuse, mais pas trop liquide, en mélangeant la farine, l'œuf, le fromage râpé et l'eau minérale, qu'on ajoute au fur et à mesure en petites quantités. Au total, ne pas dépasser 150 ml d'eau environ. Écraser le chou-fleur à la fourchette de façon irrégulière, en laissant quelques gros morceaux. Si du liquide apparaît quand on écrase le chou, le retirer. Incorporer délicatement le chou-fleur à la pâte, saler et poivrer. Si la pâte n'est pas assez souple, ajouter encore un peu d'eau minérale.

Faire chauffer l'huile d'olive dans une poêle (tout le fond doit être recouvert par l'huile) et mettre les beignets à frire : une cuillerée à soupe de pâte pour chaque beignet. On peut faire frire environ 4 à 6 fritelle à la fois. Faire brunir des deux côtés, puis égoutter sur du papier absorbant. Répartir les fritelle sur 4 petites assiettes et saupoudrer de persil haché.

À savoir : en général, on évite de préparer ce plat en petite quantité, car il n'est pas facile d'utiliser la moitié d'un œuf ! Mais s'il y a des enfants à la maison, pas de problème : les fritelle restantes auront aussi du succès le lendemain. Il suffit de les réchauffer au four classique ou au micro-ondes et de les servir avec du coulis de tomates. Les adultes adorent aussi ! D'ailleurs, ces beignets sont une astuce bien connue des mammas italiennes pour faire apprécier le chou-fleur aux enfants.

Minestrone : la soupe italienne par excellence !

50 g de haricots secs (coco, borlotti, ou autres haricots blancs)
300 g de légumes de saison variés (par exemple courge, champignons, céleri-rave, chou-fleur, poireau, chou kale noir, cima di rapa, carottes, petits artichauts…)
1 pomme de terre
1 oignon
2 c. à s. d'huile d'olive
120 g de riz pour risotto (carnaroli ou arborio)
1 l de bouillon de légumes (p. 16)
1 grosse tomate
sel, poivre noir
1/2 bouquet de persil plat
parmesan ou pecorino râpé

Laisser tremper les haricots toute la nuit dans l'eau froide. Jeter l'eau et mettre les haricots à cuire dans une grande quantité d'eau salée. Amener à ébullition, puis laisser frémir environ 90 min.

Laver et éplucher les légumes, les couper en dés. Hacher finement les oignons.

Dans une grande casserole, faire chauffer l'huile d'olive et y faire revenir les oignons. Ajouter les haricots égouttés, les légumes et le riz, faire revenir quelques instants, puis déglacer au bouillon de légumes, verser le reste du bouillon et porter à ébullition. Laisser mijoter la soupe environ 10 min.

Couper les tomates en dés et les ajouter dans la soupe au bout de 10 min de cuisson. Saler et poivrer si nécessaire, puis laisser cuire encore 10 min pour que les légumes soient bien tendres, mais le riz encore al dente. Si la soupe est trop épaisse, ajouter de l'eau ou du bouillon et rectifier l'assaisonnement.

Hacher le persil et l'ajouter à la soupe au dernier moment. Verser le minestrone dans des assiettes à soupe, saupoudrer de fromage râpé et servir accompagné de focaccia (voir p. 17) ou de baguette.

À savoir : le minestrone est délicieux réchauffé, pour le repas du lendemain.

Trofie de Ligurie aux pommes de terre et au pesto

Pour le pesto

1 bouquet de basilic

4 c. à s. de parmesan râpé (ou 3 cuillères de parmesan et 1 cuillère de pecorino)

1/2 gousse d'ail

1/2 c. à s. de pignons

(non grillés)

sel

30 ml d'huile d'olive

Pour le reste

75 g de pommes de terre

75 g de haricots verts

sel

150 g de trofie (voir ci-dessous)

parmesan râpé

Laver et bien sécher le basilic. Éplucher l'ail et bien l'écraser avec un peu de sel sous la lame d'un couteau. Mixer ensemble le basilic, les pignons et l'huile d'olive. Ajouter l'ail écrasé et le fromage râpé, donner un dernier tour de mixeur et réserver.

Peler les pommes de terre, les laver et les couper en petits dés. Laver, équeuter et couper en deux les haricots.

Faire cuire ensemble les pommes de terre et les haricots dans une grande quantité d'eau bouillante salée (5 min), puis ajouter les trofie et attendre qu'elles soient al dente. Égoutter et mélanger à la moitié du pesto dans un grand plat préalablement chauffé. Verser dans des assiettes à soupe et servir avec du parmesan râpé et le reste du pesto.

À savoir : spécialité de Ligurie, et particulièrement de Gênes, les trofie sont des pâtes à la semoule de blé dur de forme torsadée, pointues aux deux extrémités.

SECONDO I

Raviolis à la courge, beurre de sauge et parmesan

1 kg de courge (par exemple marina di chioggia ou hokkaido)
200 g de préparation pour pâtes fraîches (p. 14)
100 g d'amaretti (biscuits)
150 g de fruits à la moutarde (condiment à la mostarda di Cremona)
300 g de parmesan râpé
80 g de beurre
3 c. à s. de feuilles de sauge fraîche ciselée
sel, poivre noir

Préchauffer le four à 180 °C. Couper la chair de la courge en morceaux et les passer 30 min au four sur une plaque huilée. Sortir la plaque du four et laisser refroidir.

Entre-temps, émietter les amaretti et couper les fruits confits en tout petits dés. Mélanger la courge refroidie, 250 g de parmesan râpé, les morceaux d'amaretti et de fruits pour obtenir une préparation homogène, saler et poivrer. Si la farce ainsi obtenue n'est pas suffisamment sèche, ajouter quelques amaretti. Placer la préparation une nuit au réfrigérateur.

Le lendemain :

Préparer la pâte des raviolis frais en suivant la recette de la p. 14, et la passer plusieurs fois dans la machine en réduisant à chaque fois l'ouverture, pour obtenir de minces bandes de pâte. Pour les raviolis, l'idéal est de passer deux fois la pâte avec l'ouverture la plus fine.

Découper ces bandes en carrés de 10 cm de côté, puis déposer une cuillerée à café de farce à la courge au centre de chaque carré. Humidifier légèrement au pinceau les bords du carré. Plier pour former un triangle, appuyer sur les bords pour bien les sceller. Placer vos raviolis sur une plaque farinée, en les recouvrant d'un torchon jusqu'à ce que l'opération soit terminée.

Dans une grande casserole, faire bouillir de l'eau salée, puis y mettre 6 à 8 raviolis à la fois et les laisser frémir 2 à 3 min jusqu'à ce qu'ils remontent à la surface (plus la pâte sera fine, plus la cuisson sera rapide). Pendant ce temps, faire fondre le beurre dans une poêle avec la sauge ciselée. Avec une écumoire, retirer délicatement les raviolis de l'eau et en garnir les assiettes. Arroser de beurre de sauge, saupoudrer de parmesan et servir aussitôt.

SECONDO II

Gâteau de pommes de terre et chicorée de Catalogne, avec radicchio di Treviso braisé au Marsala et noix

**Pour un moule à manqué
de 24 cm de diamètre**

750 g de pommes de terre farineuses
1/2 gousse d'ail
100 g de beurre fondu
100 g de parmesan râpé
2 à 3 œufs bio
2 c. à s. de marjolaine fraîche
1 c. à s. de chapelure
beurre pour la plaque
sel, poivre noir

600 g de radicchio trevisano (variété
de chicorée rouge à feuilles allongées)
100 g d'oignons
20 g de pignons
100 ml de Marsala
50 g de beurre
sel, poivre noir

Préchauffer le four à 190 °C.

Faire bouillir les pommes de terre dans de l'eau salée jusqu'à ce qu'elles soient bien tendres, puis les égoutter et les laisser refroidir, enlever la peau et les passer au presse-purée.

Éplucher la gousse d'ail, la couper en deux, en écraser la moitié et l'ajouter aux pommes de terre. Mélanger ensuite le beurre fondu, le parmesan, l'œuf et la marjolaine et incorporer délicatement ce mélange à la purée de pommes de terre. Saler et poivrer. Beurrer le moule et bien le chemiser avec la moitié de la chapelure.

Bien répartir la purée de pommes de terre au fond du moule, recouvrir avec le reste de la chapelure et passer 45 min au four chaud. Pendant ce temps, laver le radicchio, bien le sécher avec un torchon et le couper en quatre dans le sens de la longueur.

Émincer les oignons en formant de fins anneaux et les faire dorer à la poêle dans le beurre. Ajouter les pignons et les faire revenir 3 min, puis le radicchio, et ajouter encore 3 min de cuisson. Arroser de Marsala, puis laisser mijoter à couvert environ 5 min, en remuant de temps en temps avec une cuillère en bois. Saler et poivrer.

Servir cette préparation avec une part de gâteau de pommes de terre.

À savoir : ce gâteau de pommes de terre est excellent le lendemain ; il peut être servi froid.

Gâteau à l'orange et sa mousse d'oranges sanguines

150 ml de jus d'oranges sanguines
fraîchement pressées
40 g de sucre
50 g de crème aigre (ou crème acidulée)
100 ml de crème
1 paquet (4 g) d'agar-agar

3 œufs bio
120 g de sucre
250 g de ricotta
40 g de farine
le zeste d'une orange bio
100 g d'oranges confites
50 g de pignons
sucre glace pour décorer

Verser le jus des oranges sanguines dans une petite casserole, ajouter l'agar-agar en remuant, faire bouillir, puis laisser frémir 2 min sans cesser de mélanger. Retirer du feu et laisser refroidir un peu. Mélanger le sucre et la crème aigre, puis ajouter le tout au jus légèrement refroidi.

Fouetter la crème pour la faire monter, puis l'incorporer au mélange. Laisser prendre au moins 6 heures au réfrigérateur.

Préchauffer le four à 180 °C.

Garnir de papier cuisson un moule à fond amovible de 26 cm de diamètre et beurrer les bords.

Battre vigoureusement les œufs avec le sucre pour les faire mousser, puis incorporer la farine, et enfin les zestes et les écorces d'orange. Verser la préparation dans le moule à fond amovible. Parsemer de pignons de pin et cuire au four environ 35 min, jusqu'à ce que les pignons soient bien dorés.

Laisser refroidir, saupoudrer de sucre glace, mettre une part de gâteau sur chaque assiette. Ajouter sur le côté quatre petites boules de mousse à l'orange et servir.

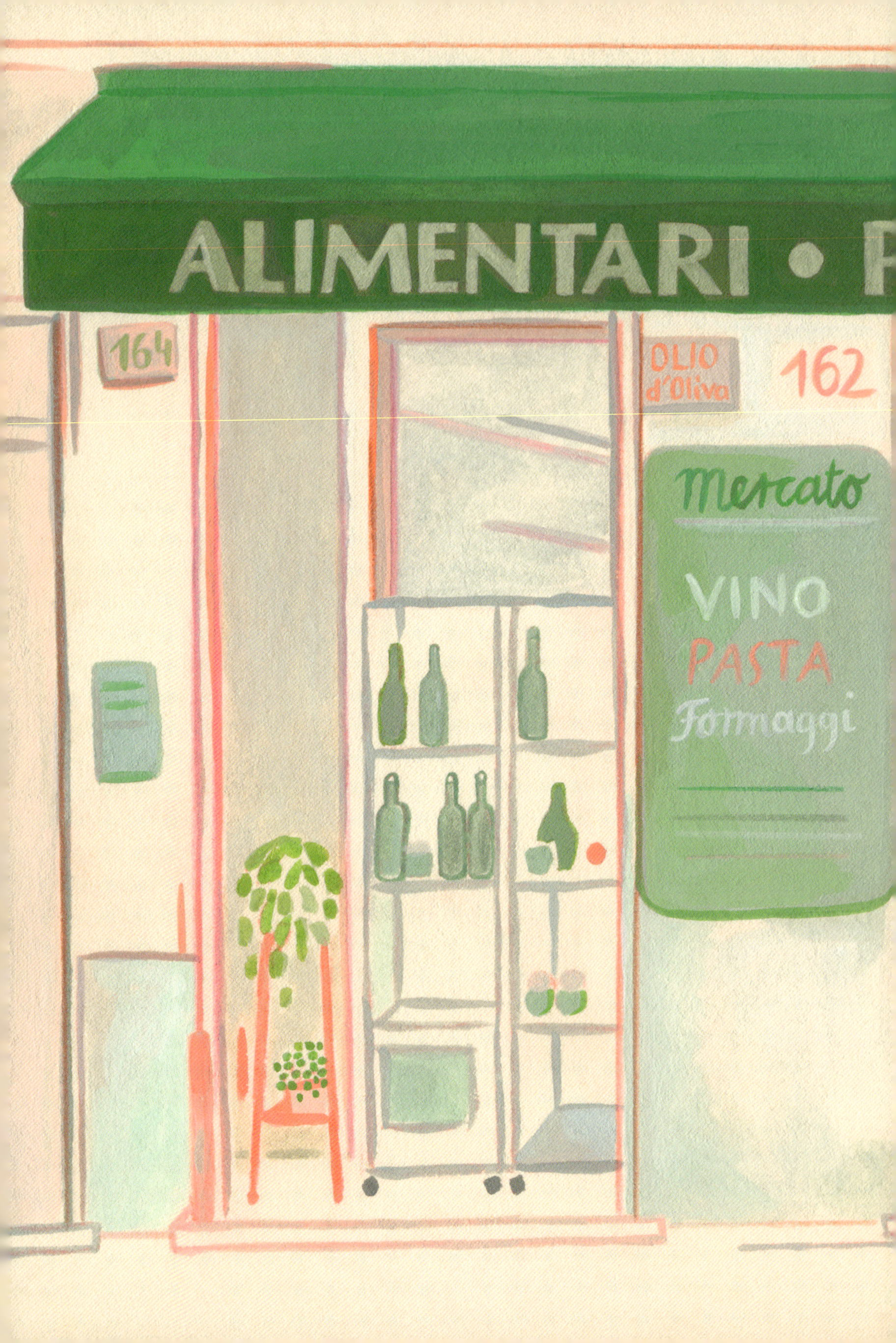

ALIMENTARI •
164
OLIO d'Oliva
162
Mercato
VINO
PASTA
Formaggi

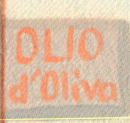

Grazie, Carlo!

Le jour où je t'ai rencontré, tu t'es lancé dans une grande diatribe sur la disparition des cuisinières à gaz dans les appartements suisses. Avec un ami commun, nous étions attablés dans un café berlinois à la cuisine tout à fait quelconque et, au milieu de ce lamento aussi enflammé que drôle, j'ai appris que tu avais publié un livre de cuisine, et que tu avais une façon bien à toi de voir les choses. Ce que j'ignorais alors, c'est que tu avais déjà écrit d'autres livres, qui ne seraient publiés que bien plus tard (merci Jacoby & Stuart !), et aussi que cette soirée allait m'entraîner pour longtemps en Suisse – par amour.

Dans les années qui ont suivi, je ne compte plus combien de fois tu as cuisiné pour moi, avec ou sans gazinière, dans tous les lieux où nous avons vécu – à Berlin dans notre cuisine en travaux, à Brême dans celle que nous partagions avec nos colocataires, dans des fermes de l'Appenzell, sur divers fourneaux de Ligurie (*grazie, Villa d'artisti!*), sur les hauteurs de l'Engadine dans des restaurants éphémères, et bien sûr dans ta maison de l'époque, où je fus invitée pour la première fois peu après notre première rencontre. Chez toi, dans ta petite cuisine sous les toits, nous nous sommes installés sur des chaises garnies de velours rouge, celles-là mêmes qui devaient orner plus tard la « table du patron » dans ton propre restaurant. Sur la table ronde en bois, tu as placé deux assiettes fumantes où trônaient tes fameux *ravioli della nonna*, un plat de tous les jours pour toi, une révélation pour moi. Ces délices avaient surgi comme par magie d'un petit bout de cuisine tout en longueur, sous une étagère que tu avais recouverte de papier aluminium. Peu importait la forme, imparfaite comme la vie : pour toi, l'essentiel, c'était le contenu, la chaleur de tes plats et celle de ton regard.

Tu aimais passionnément les autres et la vie. C'est sûrement pour cela qu'en 2005, le dernier jour du mois de février, tu as racheté à un de tes amis napolitains une petite trattoria ornée d'imposants rideaux, à Zurich, au numéro 38 de la Frölichstrasse. Les rideaux ont d'abord raccourci, puis disparu, et des bibliothèques montant jusqu'au plafond ont fait leur apparition. La cuisine et les livres, la bonne odeur conjuguée des assiettes et des pages : le restaurant *Cucina e Libri* était né, un lieu parfaitement à ton image. Son nom complet peut paraître un peu compliqué – *Cucina e Libri, Heimelig da Bernasconi* – mais il était on ne peut plus juste : en prenant place à l'une des quelques tables, on se sentait aussitôt chez soi, tout en étant chez Carlo. On se sentait si bien dans le bruit des casseroles et le frémissement des pages tournées, le chant des assiettes et des verres à vin, les rires joyeux des convives, clients, amis et le rire du chef en personne qui venait s'asseoir avec un clin d'œil complice dès que la cuisine lui en laissait le loisir.

C'est ta belle et tranquille écriture que l'on retrouvait sur la brève carte du restaurant, rédigée à la main en italien et en allemand, toujours parsemée de minuscules dessins de poêles fumantes, de poissons joyeux et de desserts appétissants ; cette écriture, on aurait dit qu'elle montait aussi des assiettes pour emplir tout l'espace du restaurant. Avec *Cucina e Libri*, tu as reconquis les racines italiennes qui te manquaient tant depuis la mort prématurée de ta mère. Et sans doute aussi ces impressions que tu as dû ressentir enfant le dimanche, dans la cuisine et à la table de ta grand-mère. Ton restaurant visait à faire revivre ces moments-là. Quand pour son dixième anniversaire, tu as rayé de la carte la viande et le poisson, tu as fait passer *Cucina e Libri* au second plan pour le rebaptiser *Osteria Candosin*, du nom de jeune fille de ta mère. Les experts en marketing auraient sûrement levé les bras au ciel, mais encore une fois, ce nom était un miroir de toi-même.

Il nous reste les parfums, les plats, tes livres, cette image de toi aux fourneaux, régnant sur ton royaume, ou assis à la petite table dans l'alcôve tout près du buffet, souriant, discutant, fumant, après nous avoir ouvert la petite porte de ton restaurant. Un souvenir inoubliable où se mêlent *Cucina e Libri*, *Heimelig da Carlo* et *Candosin*, qui s'est gravé profondément en nous, même si tu ne cuisineras plus pour tes petits-enfants, et même si ton plus jeune fils, du haut de ses quelques années, ne sait pas encore apprécier les bonnes choses (mon chéri, j'espère que tu ne m'en voudras pas trop !)

Cher Carlo, ta chaleur nous manque énormément, dans nos assiettes comme dans nos cœurs !

Au nom de toutes et tous, du fond du cœur,
Jutta

Addio, Carlo! Avec tout notre amour,
Fenissa, Selina, Fabio, Laurens, Lian, Milo Carlo, Jutta et Stefano

Les auteurs

CARLO BERNASCONI (1952-2016), le héros de ce livre, fut non seulement journaliste, restaurateur et auteur de plusieurs livres de cuisine, dont un classique, *Le Grand Livre de la cuisine italienne*, mais aussi un chef cuisinier extraordinaire, toujours heureux de partager ses recettes avec ses lecteurs.

LARISSA BERTONASCO, née en 1972 à Heilbronn, dans le sud de l'Allemagne, a étudié l'illustration à la HAW de Hambourg. Elle contribue à la revue de dessinatrices *SPRING*, dont elle est coéditrice depuis sa création en 2004. Elle travaille en free-lance pour diverses publications et maisons d'édition, tout en organisant des expositions et ateliers. Elle vit avec sa famille à Hambourg et dessine chaque jour dans son atelier-boutique du quartier St-Pauli.

MARTIN WALKER a travaillé de nombreuses années avec Carlo Bernasconi, d'abord comme critique gastronomique, puis comme rédacteur de la revue spécialisée *Schweizer Buchhandel* – et naturellement dans le restaurant de Carlo, aussi bien comme commis de cuisine que comme aide-serveur. Ses textes accompagnaient le menu, commentaient les recettes, racontaient l'histoire de ce restaurant si indissociable de la personnalité du chef. Aujourd'hui, Martin Walker est éditeur et auteur ; chaque année, il organise le festival littéraire *Zürich liest*.

MYRIAM LANG travaille dans l'édition, notamment pour le SBVV (syndicat suisse des libraires et éditeurs). En 2007, elle a publié un livre sur la cuisine de la Suisse romande. Pendant vingt ans, elle a accompagné Carlo Bernasconi dans les restaurants de Suisse et d'ailleurs, et à partir de 2015 elle a régulièrement cuisiné avec lui au restaurant. Les derniers mois avant sa mort et jusqu'en janvier 2017, elle a dirigé le restaurant en compagnie de Caterina Sanitate. Celle-ci mérite un grand merci car, sans elle, une bonne partie des recettes de ce livre n'auraient pas été conservées par écrit : *grazie mille, Caterina!*

Index des ingrédients